「遊び保育論」著者
小川博久 監修

子どもも保育者も笑顔になる！

遊び保育のための実践ワーク

～保育の実践と園内研究の手がかり～

吉田龍宏

渡辺 桜

目次

本書の刊行に寄せて

Lesson 1　遊び保育って何だろう ▶▶1

第1章　遊び保育はなぜ大事? ▶▶2
1　子どもを取り巻く状況の変化と保育の危機 ▶▶2
2　遊びはなぜ大事なのか? ▶▶10

第2章　遊び保育を再生するために ▶▶13
1　遊び再生への課題 ▶▶13
2　異年齢伝承遊び集団における学習過程 ▶▶17
3　遊び保育が成立するには ▶▶25

第3章　遊び保育の実践に必要な考え方を学ぼう ▶▶34
1　「ノリ」でつくられる連帯性 ▶▶34
2　保育者と子どもたち一人ひとりが"つながっている!"と感じられる関係づくり ▶▶38
3　保育者があこがれの存在「モデル」となるために ▶▶41

Lesson 2　遊び保育を保障する子ども理解・環境・援助を考えよう ▶▶45

第4章　遊び保育を保障する幼児理解・環境構成・援助とは何か ▶▶46
1　遊び保育を保障する環境とは? ▶▶46
2　遊び保育を保障するための子ども理解と援助とは? ▶▶60

第5章　遊びの具体的展開 ▶▶70
1　室内遊びにおける遊び保育の実践 ▶▶70

2　一斉活動でも共通するモノ・人・場のかかわりあい ▶▶86

Lesson 3　遊び保育実践のための指導案や記録を考えよう ▶▶89

第6章　遊び保育を実践するための週案・日案とは ▶▶90
　1　遊び保育に必要な週案・日案の要件 ▶▶90
　2　遊び保育の具体的な指導案例 ▶▶91
　3　日案・週案と保育の全体的な計画・教育課程や長期指導計画の関係 ▶▶104

第7章　遊び保育の振り返りに有効な記録とは ▶▶107
　1　どのような保育記録が遊び保育の振り返りに必要か ▶▶107
　2　保育記録の具体例 ▶▶111

Lesson 4　遊び保育を保障する園内研究 ▶▶113

第8章　子どもも保育者も輝くための園内研究のヒケツ ▶▶114
　1　園内研究の目標とは? ▶▶114
　2　園内研究の方法 ▶▶115

第9章　園内研究を進めるポイント ▶▶125
　1　園内研究を進める時に大事にしたいことってなに? ▶▶125
　2　保育者の悩みの状況に応じたアプローチをしましょう ▶▶137
　3　園内研究におけるリーダーの役割 ▶▶148

実践レシピ ▶▶159

あとがき

本書の刊行に寄せて

小川博久（東京学芸大学名誉教授）

　本書の刊行については、率直な気持ちで大変嬉しく思う。ただ、私としては少し戸惑う気持ちもある。なぜなら、私の原著に解説書を出して貰うほどの価値があるかという反省からである。しかし、本書を詳しく読んでみると、私の原著の単なる解説書ではなく、渡辺桜、吉田龍宏（年齢順）両氏のオリジナルな観点が多く含まれており、私自体がこの書から学んだ点も多くあるので、本書の出版を喜んでいる。だとすれば、私の原著の解説書というタイトルではなく、彼らのオリジナリティを表すタイトルの方が良かったかもしれない。にもかかわらず、このテーマにすることに私が賛成したのは、次のような理由があるのである。
　その一つは本書が単に文献研究をする研究者だけを対象にした著書ではないからである。今保育実践に携わっている保育者の方々に読んでいただきたいからである。小川の著書である『保育援助論』と『遊び保育論』は、保育学を研究する研究者に読まれる学術書のように思われがちであるが、両書とも私が保育現場に通い、保育者の保育を指導してきた経験に基づいて書かれたものである。ちなみに、私は東京都区内の公立幼稚園を中心に70園に及ぶ公開保育研究会の講師をした経験があり、以来今日まで20年以上も現職の保育者研修を継続して行っている所も数園ある。それ故上述の私の著書は保育の質的向上を目指す保育者に読んで貰いたい本なのである。その点で私の自著に対する願いは、未だ思い半ばなのである。そうした私の願いを以心伝心で汲んでくれたのが本書の刊行であった。本書は私が自著を通じて現場の遊びを中心とする保育の発展を図りたいという願いをさらに大きく飛躍させてくれるものと思われるからである。
　本書がこのテーマで出版されることに私が賛成したもう一つの理由は、本書の執筆者と私との関係にある。私との関わりを時間的に早く持った吉田君から紹介しよう。吉田君は愛知教育大を卒業し、私が奉職していた東京学芸大学大学院で幼児教育を研究することになり、当時、私が幼稚園の園内研究会に講師として招聘された時、必ずと言っていいほど私と共に現場に足を運んで保育を見学した。そして修士論文も私の現場での保育の指導を記録しそれを分析したのである。このような大学院生の指導は、私の保育研究の考え方を反映したものであった。保育学は本来現場

の保育実践の質を向上させるための知識や技能を開発するために確立されたものである。それ故、我々、専門職としての保育者を養成する高等教育機関に奉職している研究者は、保育に関する知識を机上でのみ研究するだけではなく、臨床医学と同様に、保育現場に赴き実践を見て分析し、良き実践を導くような研究をしなければならない。これが私の研究者としての座右の銘である。従って大学院生を現場に連れて行くのは、私にとって彼等にインターンの経験をさせるようなものであった。吉田君はその経験を最も忠実に遂行した一人である。吉田君はその後、保育現場で保育施設の経営者としての修行を続けながら、私が名古屋市や岐阜市の保育実践の現場の指導をする折には必ず、吉田君にパートナーとして随行してもらった。そして私が聖徳大学大学院博士課程の講座を担当した折には、再び博士課程に入学し、保育学の研鑽を続けながら、現在は、保育者養成校で教鞭を取りつつ、保育園園長として自園の保育者の現職研修に熱心に取り組んでいる。ここでも私はその一翼を担わせてもらっている。こうした関係から吉田君の現場の実践理解と指導力には全幅の信頼を置いている。本書の内容についても全く同様なことがいえる。

　次に渡辺さんについて話そう。渡辺さんとの出会いは、彼女が聖徳大学大学院博士課程に入ってからであるから、吉田君と比べると短い。しかし彼女との研究上の関わりは吉田君とは違った意味で深い。渡辺さんは吉田君と同じ愛知教育大の同窓で吉田君の先輩にあたる。保育園保育士を経て同大学の修士課程を出た渡辺さんは既に現在の保育者養成校で教鞭をとっており、聖徳大学大学院博士課程では博士論文を書くことを意図していた。学位論文を書くといっても、私の指導の下で書く以上、保育現場の保育実践と無関係なものにはなり得ないし、彼女自身も保育者の経験を持っているので、保育者の立場に立ったテーマを選ぶこととなった。それは、保育者が実践の過程でぶつかる様々な悩みをどう解決して行けばより良い保育になるかを追求するものであり、それを「葛藤」という概念を使って研究するものであった。渡辺さんは、上述の私の著書を分析するとともに、再び現場に立って保育の臨床研究をする必要に迫られた。そこで、同窓の後輩で同じ小川研究室に所属している吉田君を頼ったのである。渡辺さんは随時上京し小川の指導の元で、学位論文の制作を続けながら、私が吉田君を園内研究会に同伴したように、吉田君が講師として招聘された園内研究会に随行し、研究者と実践者との関わりを体験し直したのである。こうした経験が実り、現在、渡辺さんは中部地域の都市圏を中心とする保育施設の園内研修会の講師として屡々招聘され多忙を極めている。この二人が保育者養成においても、また現場の保育者の研修においても理論的かつ実践的な指導力

本書の刊行に寄せて

を身につけていることはこのように実証済みである。そして二人が現場に赴いた機会に語り合った保育についての意見交換が本書の内容の中核をなしたことは想像にかたくない。現在二人は同じ大学で保育者養成の仕事において責任を共有しており、将来よき保育者になるための教育内容を考えた時、本書のような企画を実現する必要性を感じたのである。従ってこれ以上述べることは蛇足になるかもしれないが、私なりに、本書の特色を列挙しておこう。

1．私の著書『遊び保育論』の理論的基盤を踏襲して、現代の保育制度における保育実践は幼児集団を対象にして幼児一人ひとりの成長発達を助長する営みであるという認識に立っている。それ故、保育者は幼児達の集団生活の秩序を維持しつつ、同時に幼児一人ひとりの主体的な行動や表現が発揮出来るような援助を実践しなければならない。そのための具体的手立てを保育者による環境構成と幼児理解と援助の観点から語っている。
2．保育者が自分が担当する幼児達を目の前にしてどう振る舞えばよいかという実践当事者の視点で書かれている。特に遊び保育においては、幼児が遊びを学ぶにあたって、保育者が幼児一人ひとりを理解し援助するだけではなく、モデルの役割を果たすことの大切さが指摘されている。
3．保育環境で扱うモノ、人、空間など保育者がイメージしやすいように、わかりやすく、様々な具体的事例やイラスト、写真などで示されており、理解されやすくなっていると思われる。
4．それにもかかわらず、ハウツウ（How-to）だけを伝える本にならず、考えさせる内容を大切にしている。

　本書は私が目指して来た道を辿りながら、その先を示唆するものになっている。私はこの二人が保育の世界を私の時代よりも更に一歩も二歩も先に推し進めてくれると信じている。本書が多くの保育関係者の目に留まることを願って止まない。

Lesson 1

遊び保育って何だろう

　子どもの遊ぶ姿が地域からなくなったといわれて久しい中、今では、小さな子どもをあやすために大人がスマートフォンを使う姿も見られます。子どもや大人の生活が大きく変わる中で遊びの大切さをもう一度見直してみませんか？そして、地域で子どもたちが遊ぶ集団を見なくなった今、どうすれば保育の中で遊びを取り戻すことができるのでしょうか。

Lesson 1

第1章 遊び保育はなぜ大事？

1. 子どもを取り巻く状況の変化と保育の危機

このテキストをはじめるにあたって、なぜ「遊び保育論」なのか、そもそも「保育」や「遊び」とは何か、また、それを担う子どもや大人はどのような状況にあるのかについて整理してみたいと思います。

(1) 社会の変化

テキストのはじめですが、さて、質問です。これは、筆者の前任の園長先生が、採用試験の時に受験生にお聞きになっていたことを少しアレンジしたものです。

「あなたがご家庭でされているお仕事（家事労働）は何ですか？それはどのようにされていますか？」

たとえば、部屋の掃除はどうでしょうか。道具は何を使っているでしょうか。この質問は、もちろんみなさんの生活習慣や態度で保育者としての資質を問うものではありません。この質問をお考えいただいたのは、子どもの最も身近な社会である家庭とそこでの大人の生活から、今の子どもを取り巻く状況を考えたいからです。

さて、先ほどの質問、みなさんの答えはどうだったでしょうか。恥ずかしながら、筆者の一例をあげれば以下の通りです。
・食事→ときどきつくる。食事の半分は外食またはお弁当。つくるメニューの半分は冷凍食品を活用し、温めるだけ、切った野菜を少し加えるだけのお手軽メニューが多い。
・掃除→掃除機を使う。机はキッチンペーパーを使ってアルコール消毒、お風呂は専用デッキを使って磨く。
　他に洗濯などありますが、独身単身世帯の男性の事例です。
　実際、先ほどの質問を採用試験に来ていただいた学生さんにすると、こんな答えをいただきました。
・食事→学校やバイトから早く帰る時は自分がつくる
・毎朝新聞を持ってくる
・自分の部屋の掃除はする
・飼っている犬の散歩と世話をする　など

　これをご覧になって、みなさんはどのようなご感想をお持ちでしょうか。中には、小学生の夏休みのお手伝いみたいなものもあるなあと思われた方もいるかもしれません。筆者もそうした思いが頭をよぎりました。しかし、自分自身の生活を考えてみるとふと思ったのです。実際、家庭の中で何か仕事をすることがあまりないのではないかと…。
　そこで、昔から家庭の中で行われてきた食事の場面の事例から、子どもを取り巻く状況について考えてみましょう。

第1章　遊び保育はなぜ大事？

> **事例**　**ある日のおやつ①**（A子ちゃんの場合）

　平日は仕事勤めで一緒にいられないA子ちゃんとお母さん。いつもは保育園で友だちと食べるおやつも、お母さんがお休みの今日は、お母さんと一緒に食べます。いつもお休みの日には、近くのドーナツ屋さんに行って好きなドーナツをお母さんと2つずつ買って、お家で食べます。今日は棒と輪のドーナツを買ってお家で食べました。

> **事例**　**ある日のおやつ②**（B子ちゃんの場合）

　日曜日、B子ちゃんはお母さんがお休みなので、一緒に家で過ごします。今日はお母さんとおやつにドーナツをつくりました。お母さんが材料を入れてB子ちゃんが混ぜます。最後はお母さんがよく混ぜて、こねて伸ばして生地のできあがり。次に型抜きです。はじめはお母さんがお手本を見せて、次にB子ちゃんもチャレンジしました。はじめは変形したドーナツでしたが、一緒につくるうちにだんだん上手にできるようになりました。その後、ドーナツを揚げて二人で一緒においしく食べました。

この2つの事例はA子ちゃんもB子ちゃんも、いずれも休日を楽しんだというエピソードとしてお母さんからお聞きしたものです。おそらく、いずれの事例も現代においては、「あるある」と思っていただけるのではないでしょうか。
　A子ちゃんの事例とB子ちゃんの事例いずれもドーナツをお休みの日に食べたというものです。しかし、その違いはドーナツを買ってきたのか、つくったのかということです。
　ドーナツを買う方が、手間もかからず、早く子どもと一緒に楽しむことができるでしょう。そうすれば時間を有効活用でき、他のことができるという考え方もできるかもしれません。
　ドーナツをつくったB子ちゃんの方が、お母さんは準備や調理に手間と時間がかかったでしょう。加えて、お母さんだけでした方がB子ちゃんとするよりもはるかに簡単に手際良くすることができたでしょう。
　しかし、事例にもあるように、いやそれ以上に、ドーナツをつくるためには多くの手順を踏まなければなりません。そのため、B子ちゃんとお母さんはそれぞれの作業をする中で「これはこうして〜」「こうやってやろうか」といったコミュニケーション（＝**応答**）やドーナツの型抜きなど一緒に同じ作業（＝**同調**）をすることが豊かになります。こうした応答や同調の関係は、人と人のつながりを強くします。だから、こうした作業が多く、手間がかかる方が、大人と子どもの関係をよりよくします。
　さらに、ドーナツの型抜きでは、お母さんがお手本となって、B子ちゃんが型抜きに挑戦しています。はじめはうまくいかなかったけれど、何回か繰り返し行う中で、上手に型抜きできるようになります。ここには型抜きの「やり方（ノウハウ）を知る」という学びがあります。具体的には、お母さんの型抜きを**見てまねる**（**観察学習**）、それを**繰り返し行って身につける**（**試行錯誤**）という学びの過程がみられます。

第1章　遊び保育はなぜ大事？

筆者自身の例ではありませんが、最近の家庭では調理の作業の簡素化、効率化が進んでいます。保存技術や家電製品の普及向上によるものですが、こうしたことが子どもの遊びの姿にも影響している例を以下ご紹介します。

事例　レンジでチン

ままごとコーナーではあやことゆうきがままごとをしている。あやこはフライパンの上に粘土でつくった料理を載せると段ボール箱の中に入れた。しばらくその段ボール箱の前に黙って直立しながら時計を見ている。すると、1分たったところで「チーン」といってフライパンを段ボール箱から出した。

あやこにとって料理はフライパンで焼いたり炒めたりするものではなく、電子レンジで加熱するものなのです。このように、家庭の省力化・効率化はままごと遊びのフリにも反映されます。手順が少なくなると、フリをする内容も少なくなるので、遊びの楽しさやイメージの深まりにも影響します。

事例　夕食づくり

C子さんは結婚したばかりの奥さんです。今日は自分のお母さんがつくってくれた野菜の煮物を夕食につくろうと思いました。材料の種類はだいたい覚えていたし、量もおおよそいつもお皿に盛られていた量から考えて用意することができました。

しかし、C子さんは会社勤めしていたので、お母さんと一緒に料理する機会が少なかったのです。そのため、いざ調理をはじめると、野菜を切って下ごしらえするところまではよかったのですが、その後の煮方や調味料の味付けがわかりません。

そこで、実家のお母さんに電話をして聞くことにしました。水の量などは問題

なくわかったのですが、トラブルは調味料の量のところで起こりました。「醤油はどれくらい入れるの？」「私いつもだいたい適当に入れてるよ」「適当じゃわかんないよ」「だいたい鍋2回しくらい」「2回りってどれくらい？数字で教えてくれなきゃわかんない。回すってどうやるの？」

　C子さんはこれまで料理教室などにも通い、料理本も持っています。そこでつくったことがある料理ならば、調味料の量もしっかりとテキストなどに書いてあります。

　しかし、お母さんはこれまで長年料理をする中で、自分の味付けの仕方を感覚的に持っているのでしょう。これはプロの料理人でもそうなのでしょうが、材料の大きさや量、その時の鍋の中のようすで味付けを調整していくのです。だからお母さんの言葉で「適当」という言葉が出てくるのでしょう。しかし、会社勤めでお母さんと一緒に調理する機会が少なかったC子さんにとっては、その加減がわかりません。一緒にする機会が多ければ「こんな感じで入れていたな」ということがわかるでしょう。テキストなどの本からは、情報として具材や調味料の数量、調理方法の情報は得られるのですが、「醤油をかけ回す」というのが具体的にどのくらいの量加減でどのように行うのかというノウハウは、本の中の言葉や写真からだけではわかりにくいところもあるのです。

第1章　遊び保育はなぜ大事？

> ### コラム
> ### まかない料理もインターネットで…
>
> 先日、ある和食店の店主の方とお話しする機会がありました。その方のお話をご紹介します。
>
> 「むかしは、まかない料理というと、先輩のメニューをまねて覚えたり、自分で少しアレンジしたものを出してみたりしていたんです。そんな中で、味付けを覚えたり、料理人としての感性を磨いたりしたものなのですが…最近はインターネットでまかない料理のレシピがたくさん載っているんです。今の若い人たちはそういう情報をもとにつくる。まあ、便利なのでしょうけどねぇ…」
>
> このように、家庭だけでなく、プロの職人の世界でも、先輩の技を見てまねる、自分でそれを工夫して自分のものにしていくということから、情報を得て、簡単に自分でできるようになるという傾向があることがいえるでしょう。

これまでのいくつかの事例を通して、今の社会では次のような価値観が大切にされているといえるでしょう。

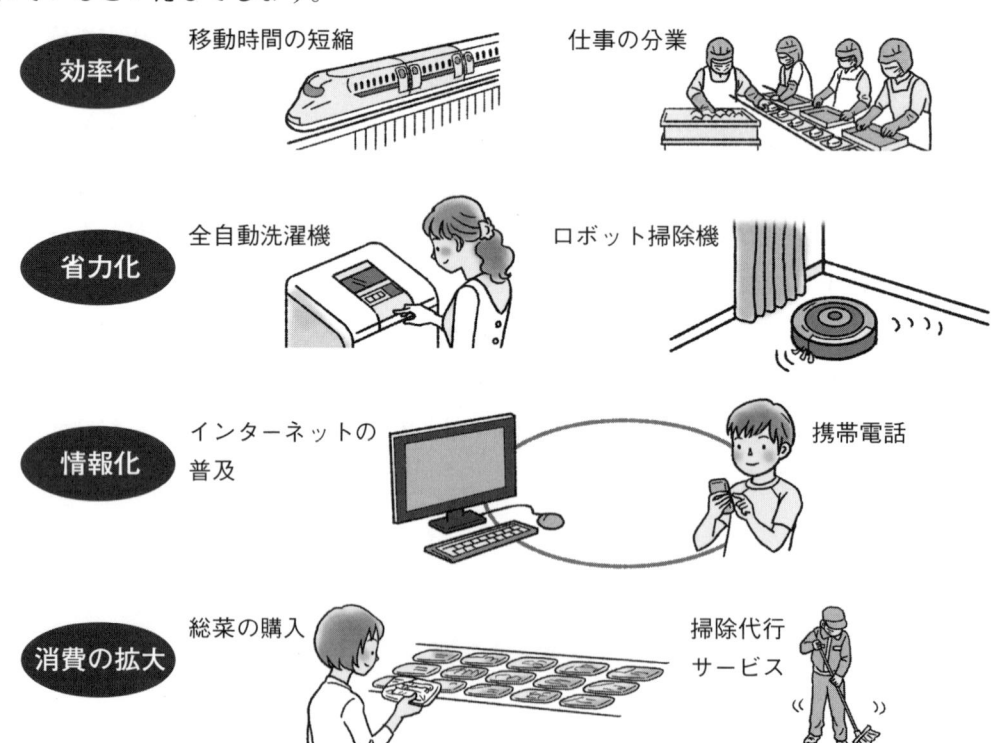

つまり、なるべく労力を使わない方向に追及されているのです。家庭では電化製品によって家事労働が大きく省力化しました。このことは、時間も人の作業も効率化することとつながります。さらに、情報化はさまざまな知識を簡単に、効率よく入手することを可能にしました。こうした社会の方向を支えているのは消費、つまりお金を払って対価を得るという行為です。ものを買うこともサービスを受けることも、今ではほとんどのことがお金を支払うことで可能となりました。こうしたことが効率化・省力化の傾向にますます拍車をかけているのです。そして、子どもたちもこうした社会の中で生きているのです。

(2) 保育の危機

それでは、こうした社会の傾向は子どもと大人のかかわりや子どもの育ちにどのような影響があるのでしょうか。

本書p.4の事例「ある日のおやつ①」と「ある日のおやつ②」を振り返ってみましょう。確かにドーナツを買った（消費した）方が簡単でしょう。本書p.6の事例「夕食づくり」や本書p.8のコラムにあるように、何か必要なことがあったら、その時に電話で聞いたりインターネットで調べたりすれば簡単で便利かもしれません。

しかし、こうした事例の中では、作業を介して応答したり、一緒に作業するためにペースを合わせるといった同調がほとんどありません。対して、事例「ある日のおやつ②」ではこうした応答や同調の機会がたくさん保障されるのです。

そして、こうした応答や同調の機会が保障されると、ドーナツづくりにみられるように、大人のやることを子どもが見てまねたり、子どもが自分で何回もやってみようとしたりする姿が見られるようになります。しかし、このように子どもが上手になるまで一緒につき合って作業するということは、大人にとっては効率的ではありません。だから、見ていてイライラしてしまったり、口を出してしまったり、最後まで子どもに任せられずに作業を奪ってしまったりということが出てくるのです。

速くなっていく大人のペースに子どもが合わせることは難しく、今の生活の中で大人が子どものペースに合わせて生活することも困難さを感じるようになってきています。こうした中で、子どもに同調・応答して人との関係を深めたり、見てまねる・試行錯誤するといった学びを保障するにはどうすればよいでしょうか。

2. 遊びはなぜ大事なのか？

前節で、大人の生活のペースが速くなる中で、子どもの同調・応答の関係からの人間関係の形成、見てまねる・試行錯誤するという学びを失わせる危機があることを指摘しました。そうならないためには、どのようなことが大切なのでしょうか。

事例　泥団子づくり①

5歳児の男の子たちの中で、泥団子づくりが盛り上がっている。毎日外遊びの場面になると、砂場に向かい、仲良しの4〜5人が集まって、泥団子づくりに精を出している。保育者も砂場に行き、泥団子づくりの場に入る。子どもに「すごくきれいな丸の泥団子だね。どうやったらつくれるのかなあ」と声をかけると、子どもが「黒砂7、白砂3、さら砂1でつくる、まず黒砂をとって白砂のところに持って行って混ぜるんだ」と教えてくれた。ちなみに、さら砂とはジャングルジムの横にある白砂の中でも粒が小さくさらさらした砂のことである。どうやら、最後にこのさら砂をかけている。そこで、保育者も一緒につくりはじめた。

当たり前のことですが、ここでつくっている泥の団子は食べられません。つまり、この泥団子づくりというのはごっこの世界なのです。つまり、遊びとはごっこの世界を楽しむということなのです。このことはとても大切です。つまり、遊びというのは食べ物の用意など自分が生きていくために必要とされることから解放された状況で行っていることなのです。もちろん、生きていくために必要な状況から解放さ

れているのは、幼稚園や保育所という施設の中で、保育者という存在がいるからです。家であれば親など大人の存在でしょう。

つまり、**乳幼児期は親や保育者などの大人の保護の中で、ごっこの世界である遊びを十分にすることができる**ということがまず大切です。

次に、先ほどの事例の続きを紹介します。

事例 泥団子づくり②

保育者が男の子と一緒に泥団子をつくっていると、さやかが保育者のところに来て、つくっている泥団子を見ている。しばらく見ていたさやかは、自分から黒砂と白砂をとって泥団子をつくりはじめた。しかし、白砂が多いことや団子にする時の力加減がよくわからず崩れてしまう。声をかけようとすると、隣で見ていたたかおが「もっと黒砂多くするといい」「優しく押さえないと崩れちゃう」と教えている。そこでしばらくようすを見ることにした。

さやかは保育者やたかおたちがつくるところを見ながら、一生懸命つくっている。はじめは崩れていたが、次第に形がつくれるようになってきた。そして、遊びの終わりまでに上手に泥団子をつくることができた。

今度は、新たにさやかが泥団子づくりをはじめます。さやかは保育者の泥団子をつくっている姿を見てつくってみたいと感じて、つくりはじめました。見よう見まねでつくってはみるものの、なかなかうまくつくることができません。ちょうどその時にたかおからヒントをもらいました。それからもさやかは保育者やアドバイスをくれたたかおのつくっているようすを見ながら自分でどうやってつくるのかを探っています。

ここで大事なことは遊びという状況の中でさやかが保育者やたかおの姿を繰り返

第1章　遊び保育はなぜ大事？

し見てまねる、そこからつくってみるという機会が保障されているということです。

先ほど述べたように、遊びとはごっこの世界です。いいかえれば、この泥団子ができなかったとしても、さやかが生きていく上で必要な食料が得られないということはありません。すなわち、本当に食べるということについては大人が世話をしてくれているのです。これが先に述べた「大人の保護の中で」ということです。こうした遊びの中で、さやかは繰り返し泥団子づくりに挑戦します。生活に必要なことであれば、失敗を繰り返していれば、大人（保育者）は黙って見ていられないでしょう。団子をくちゃくちゃにして食べられなくなるという状況になる前にかかわっているかもしれないし、効率・省力という点でいえば、子どもにそれをさせていないかもしれません。子どもも大人も生きていくことに直接つながらないごっこの世界である**遊びの場面**だからこそ、子どもが見てまねること、見てまねたことを繰り返し試してみたりアレンジしたりする**試行錯誤を十分に保障することができる**のです。こうした見てまねる試行錯誤の機会の保障という点からも、遊びは子どもにとって**大事なこと**なのです。

このことは、大人が子どものペースに合わせることができる可能性が遊びの場面で大きく期待できるということでもあります。ごっこの世界であれば、現実の世界での効率化や省力化の価値観と切り離しやすいと考えるからです。すなわち、「早くやりなさい」「一緒にやると大変だから」という声を大人が発する必要性が遊びの場面では乏しいからです。

このように、乳幼児期に子どもにとって遊びは大切な学びであり、欠くべからざるものです。しかし、すでに子どもたちの遊び集団は地域の中になく、幼稚園や保育所に入園する子どもたちは地域で年上の子どもと遊ぶ機会や環境はありません。保育に携わる大人たちの中には、子どもたちは外に出して自由にさせれば、自然に自分たちで遊ぶという意見があります。こうした意見に対して、地域で同じ時間、同じ場所で生活する仲間が入園後に保育の場で遊ぶ場合と、そういった地域環境がない場合とでは、もともと子どもの持つ経験が大きく異なることを忘れてはなりません。後者の場合、単純に外に出すだけでは、子どもが遊ぶような環境を保障することにはならないのです。こうした社会状況の中で「遊び保育」をどのように構想したらよいかを次章から考えてみましょう。

Lesson 1

第2章 遊び保育を再生するために

1. 遊び再生への課題

(1) 遊びの定義

「遊びとは何か」ということは、ホイジンガはじめ多くの論者が説明を試みています。小川はホイジンガの定義から次の4つの特性を持つものと整理しています。

① 遊びの**自発性**
② 遊びの**自己完結性**
③ 遊びの**自己報酬性**
④ 遊びの**自己活動性（自主性）**

では、次の大人の事例は遊びといえるでしょうか。

事例　お父さんの接待ゴルフ

休日、お父さんは朝5時からゴルフに行きます。お父さんはもともとゴルフが好きですが、今日は大事な取引のための接待だから、部長さんの命令で、本当は行きたくないけれど我慢していくのだそうです。なんでも、相手の人より上手ではだめだそうです。

ある小学生から聞いた話をまとめた事例です。さて、お父さんはゴルフが好き、だけど接待。これは遊び？とお母さんが首をかしげそうな場面ですね。

小川の定義から考えると、部長さんの命令という点で自発的ではなく、取引成功のためという点で自己完結性（遊ぶこと自体が目的）ではないでしょう。もっとも、自己報酬性（遊び自体が楽しいと感じる）という点はゴルフが好きなお父さんですから、行ってみた結果どうであるかわかりません。しかし、接待のため相手より上手

にプレーしてはいけないとなると、ゴルフ自体に楽しさを感じられるのか疑問です。ゴルフ自体には自分で参加してプレーしますから、自己活動性はあるように思いますが、させられている感じもあり、これも断定できないかもしれまません。

　保育において子どもの遊びの再生を考える遊び保育論では4つの特性を踏まえて、遊びを次のような活動と考えます。

遊びとは

幼児自らの動機で自らの活動をそれ自体の活動を楽しむために引き起こすこと

事例　子どもの遊び〜こいのぼりづくり〜

　まさやは登園してくると、担任のゆみ先生が何かつくっているのを見つけた。ゆみ先生の横にいって「何をつくっているの」とたずねるまさや。ゆみ先生は「もうすぐ子どもの日だから、広告の紙でこいのぼりをつくっているの」と答える。しばらくゆみ先生が紙を折り、うろこ形に切った色紙をはったりしているのを見ていたまさやは自分も広告紙をとりだして折りはじめた。はじめはゆみ先生のやっているのをまねしたり、先生につくり方を聞いたりしながら、同じ色のうろこをはっていたが、次第にいろいろな色を使ったり、ペンでしっぽのひれを描いたりするなど自分のオリジナルでつくりはじめた。まさやは自分の作品をじっと見つめながらどうしようかあれこれと試してつくっている。

　まさやのこいのぼりづくりのきっかけとなったのはゆみ先生のつくっている姿です。しかし、自分から同じものをつくりたいと思い（自らの動機）、あれこれ工夫したり先生に聞いたりしながら自分でつくり（自らの活動）、自分のこいのぼりをつくって楽しんでいます。遊びのモデルの有無にかかわらず、自分の意思でつくり

たいと思ったものを、自分でつくっており、それを楽しんでいることから、このまさやのこいのぼりづくりは遊びであるといえるでしょう。特に、つくっている時にまさやが自分のこいのぼりをじっと見ていることから、とてもその活動に集中していることや楽しんでいることがうかがわれます。

(2) 遊びの再生に向けて

これまでみてきたように、子どもの育ちにとって遊びはなくてはならないものです。しかし、遊びを上記のような説明で定義するなら、子どもたちが再び遊ぶためには、子ども自らの自発性において遊びを復活しなければなりません。遊びが失われた背景として遊ぶための時間・空間・仲間の喪失がよく指摘されます。子どもが遊ぶための時間・空間・仲間を保障するのは私たち大人の責任なのです。

幼稚園や保育所は**子どもたちが遊ぶための時間・空間・仲間を見つけることができる可能性を持った場**です。しかし、保育の場だからといって必ずしも遊び保育が展開されていないことも多いのです。次の事例からその理由を考えてみましょう。

事例　子どもの自発性の尊重？

かすみ保育園では、昼から3歳以上の子どもたちが外で遊んでいる。この日も園庭全体に広がって遊んでいる。砂場では、山をつくったり団子をつくったりと自分たちの思いで活動を進めている。一方、ジャングルジムや固定遊具にいる子どもたちは、滑り台を滑っている子もいるが、上に登って友だちと話したり、一人でうろうろしたりと遊びのイメージがはっきりしていない子もいる。遊具にいない子は園庭の中央で走っていたり、保育者に話しかけたりしている。

この時、保育者は自分が担当で指定されている場所に立って、自分に話しかける子どもの相手をしたり遊びのようすを眺めたり、子どもからの要求で遊びにかかわったりしている。

かすみ保育園の事例では、固定遊具の上でおしゃべりをしている子や保育者に話しかけている子には、保育者がかかわって遊びを育てる必要性があると思います。しかし、保育者はほとんど見守っています。これは「遊びは自発的活動であるから保育者がかかわらなくてもよい」、あるいは「自発的活動である遊びにどのようにかかわってよいのかわからない」と思うからです。その結果、子どもの自発性の尊重というスローガンのもとに、子どもの遊びに対して保育者が放任になってしまうことが生じるのです。

　次の事例は、放任とは全く逆の事例です。

事例　ドッチボールを「教えてあげたい」保育者

　5歳児担任の陽子先生は子どもたちがボールでよく遊んで興味を持っていること、運動会を終えて集団で活動することの楽しさを感じていると考え、園庭でドッチボールを取り入れてみようと計画した。次の日、あらかじめ園庭に線を引いておき、外に出てきた子に、「今日は先生とドッチボールしよう」と呼び掛けた。すると、それを見ていたほかの子どもたちも集まってきた。その後ルールの説明やチーム分けを陽子先生が中心となって進めた。はじめて行うドッチボールだったので、常に陽子先生が子どもたちに遊び方を教えながらドッチボールをした。

　陽子先生は、クラスではじめてドッチボールをするということで、場所を準備してのぞみました。先生の思いとしてはドッチボールの楽しさを知らない子どもに「教えてあげたい」と思ったのです。しかし、「教えてあげたい」という思いから、先生がルールや遊び方を教え、子どもがそれを聞いて活動するという、学校の授業と同じような関係になってしまいました。つまり、遊びを保育者が教えようとすれ

ば、（特に言葉で指導しようとするほど）子どもの自発性・自主性が失われるのです。

　保育で遊びの重要性が主張されてから、放任と指導の課題が保育者を悩ませてきました。その解決の糸口を遊びが盛んだった頃の伝承遊び集団から考えてみましょう。

●関連●	幼稚園教育要領	第1章　総則　第1　幼稚園教育の基本
	保育所保育指針	第1章　総則　1　保育所保育に関する基本原則（2）保育の目標、（3）保育の方法、（4）保育の環境

●参考● ➡小川博久『21世紀の保育原理』同文書院　2005

2. 異年齢伝承遊び集団における学習過程

<small>遊び保育論 第2章 2〜4</small>

(1) 伝承遊び集団の特徴

　地域に異年齢の子どもたちによる遊び集団があった頃、子どもたちの間で、年長者から年少者に遊びが伝わっていました。こうした遊びを「伝承遊び」といいます。では、こうした遊びの「伝承」はどのように行われたのか、当時の遊び集団の構造から考えてみたいと思います。

　次の図2-2-1は伝承遊びが行われていた頃の異年齢遊び集団の構成図です。

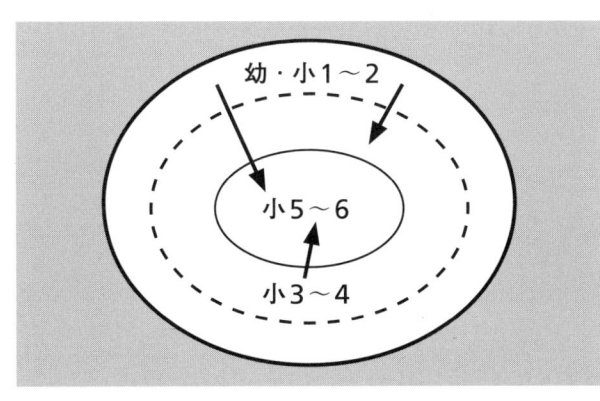

図2-2-1　伝承遊び集団の構成

第2章　遊び保育を再生するために

　この図の中で、太線の円の中が子どもたちの遊び集団を示しています。まず、この遊び集団の特徴について考えてみましょう。

❶大人の目線や存在感を感じる場所
　昔の子どもたちは、どこで遊んでいたのでしょうか。いいかえれば、子どもたちの遊び集団はどんな所で活動していたのでしょうか。具体的には、路地裏や近所の空き地、お寺や神社の境内などにこうした遊び集団がありました。場所によっては裏山なんていう所もありました。そこは、地域の大人たちが働いたり、往来があったりする場所で、自分の親や近所で知っている大人の目線や存在感を感じられる場所でした。それは、子どもたちにとって大人の目線や気配を感じられることは、安心感につながるからです。子どもたちが遊ぶ場所には、こうした安心感が必要であり、そのための**大人の目線や存在感**が必要だったのです。

❷異年齢で大人数の遊び集団ができた理由
　次に、図2-2-1のような異年齢で大人数の遊び集団がなぜできたのかについて考えてみましょう。それでは、以下のドラマ仕立ての例をご覧ください。

子：お母さん、ただいま〜。
母：おかえり。はやかったね。
子：うん。隣の〇〇君と遊びに行ってくる。
母：いいけど、ちょっと待ちなさい。
子：なに？
母：一緒に弟と妹連れてってちょうだい。
子：え〜、なんで？

母：お母さん、買い物も洗濯もまだたくさん家でやることあるんだよ。その子たち面倒みてくれるなら遊びに行っていいよ。
子：しょうがないな。わかったよ。
母：しっかり頼むね。

　このように、小学校5～6年の子どもは、遊びに行く条件として、自分より年下の兄弟姉妹の面倒をみることとなったのです。幼稚園から小学校低学年の子どもは自分たちだけで遊ぶ術を持っていません。そのため、幼稚園や小学校低学年の子どもを含めた大人数の異年齢集団ができたのです。これを「**求心性**」と呼びます（小川（1991））。今では先に述べたように家事労働も簡単になり、兄弟姉妹の数も減り、子どもの遊ぶ時間・空間・仲間も失われている中でこうした遊び集団はほとんど見られなくなっています。
　しかし、年上の子どもは、小さな子どもと一緒に遊んでも面白くありません。そこで、連れてきても一緒に遊ばなくてよい方法を考えました。その一つが「この指とまれ」です。

事例　この指とまれ

　集まってきた子どもたちの中から5～6年生のリーダー的な子どもが「かくれんぼするものこの指とまれ」といいながら、指を高く挙げます。5～6年生や大きな4年生あるいは3年生くらいまでは、リーダーのこの指をつかむことができます。しかし、小さな子どもたちは指をつかむことができません。するとリーダーは「この指とまれ」というのを止めて、指をつかんだ子どもだけで遊びが開始されます。その結果、否応なく小さな子どもたちは遊びから排除されます。

第2章　遊び保育を再生するために

　このように、遊び歌などのさまざまな決まりによって、図2-2-1でいうと、点線の内側の子ども（場合によっては5～6年）のみで遊びが行われます。しかし、小さな子どもは家に帰っても母親から外で遊ぶよういわれるので、このままこの場所にいて大きな子どもたちが遊ぶの見ているしかないのです。こうして、年長者は、遊びを楽しむために、年少者を遊びの仲間から外しました。これを「**遠心性**」と呼びます（小川（1991））。

(2) 遊びの「伝承」を生み出す仕組み

　遊びから排除された小さな子どもたちは年上の子どもたちの遊びを見ているしかないのです。その時の子どもたちの目線のようすを図2-2-1の矢印は表しています。このことを、野球で遊んでいる場面を例に説明しましょう。

事例　異年齢集団での野球

　5～6年生が上位打順でピッチャーなど大事なポジション、3～4年生は下位打順で空いているポジションとなる。これは当然のことで、バッティングも守備も上手な5～6年生がよいポジションになる。したがって、3～4年生にとっては上級者である5～6年生はあこがれである（図2-2-1　3～4年生のまなざし＝あこがれの目線）。

　参加できない小さな子どもはベンチウォーマーとなる。彼らも、早く上級生たちのように上手に野球がしたいと思っている。だからあこがれのまなざしで見ている。

事例のようにあこがれて見ていると、上級生のよいプレーを見て、どうしたら上手にバッティングできるのかといったことや、相手チームに対する作戦を**見て覚える機会になる**のです。もちろん、同時にルールなども覚えていくのです。ここで大事なポイントは、**上級生にあこがれて自分からまなざしを向けている**ということです。遊び方を獲得していく**動機**は、あこがれて見ている小さな子どもの側にあるのです。

　こうしてあこがれて見ている子どもたちにも出番が与えられることがあります。上級生に欠員が出ると、「今日は数が足りないから入れてやる」というように参加できる機会（チャンス）がまわってきます。打順が回ってくると、「当たれ、当たれ」といわれることもあったそうです。つまり、三振か凡打になるから、せめてフォアボールかデッドボールでということです。こうやって書くと何ともひどい話に思われるかもしれませんが、当の子どもたちにとっては、遊びに参加できる機会を得たことで喜んで出場したのです。それだけではありません。参加するために、バットやグローブの持ち方、守備の仕方などを年上の子どもたちから教えてもらうことができました。年上の子どもたちにとっては、自分たちが遊ぶために必要だから教えていたのですが、小さな子どもたちにとっては、うれしいことでした。つまり、遊びの中で、あるきっかけで上級生が遊びを教える場面では、**教えてもらう小さな子どもの方に遊び方を教えてもらいたいという気持ちがあった**のです。

　こうして上級生のプレーを見続け、あるいはやり方を教えてもらう機会がある中で、次第に野球の遊び方をベンチの子どもたちは獲得していきます。もちろん、見ていたことや教えられたことがすぐにできるわけではありません。**自分が遊びに参加する機会や練習する中で、自分の身体で試しながら、覚えたことを遊びの中でできるようにしていく**のです。こうした経験を積んでいく中で、遊び方を獲得し、上手なプレーになっていくのです。

　このように、年上の子どもから年下の子どもへと遊びが伝わっていき、そして伝えられた子どもたちが、また次に年下の子どもに伝える側になっていくという、遊びを伝えるプロセスの循環があります。こういう仕組みこそが遊びの「伝承」なのです。

(3) 遊びの「伝承」にある学び

遊びの「伝承」には、子どもたちにとって大事な学びがみられます。

> ❶観察学習（見てまねる）
> ❷機会教授（不定期に教えてもらう）
> ❸試行錯誤（繰り返し練習する）

❶観察学習（見てまねる）

異年齢遊び集団の特徴から、遊びに参加できない小さな子どもは自分たちも一緒に早く遊びたいという思いから、あこがれの気持ちを持って年上の子どもの遊びを見ています。そして、自分が参加する時や練習する時、年上の子どもがやっていたことをまねしてやろうとします。年上の子どもをモデルとして見てまねるのが、異年齢遊び集団における観察学習です。

❷機会教授（不定期に教えてもらう）

野球の事例では、メンバーが足りなくなった時、急遽ベンチにいる小さな子どもを参加させるために教えるという例を紹介しました。これは、遊びに参加したくて早く遊び方を身につけたいという思いを持って見ている子どもにとっては「機会＝チャンス」です。こういう場面や状況によって教えてもらうことを機会教授といいます。

機会教授に対して学校などで行われるのは計画教授です。計画教授はカリキュラムや時間数が決まっていて、いつ、だれが、何を、どのように教えるのか決まっています。かつ、それは必ずしも教えられる側の動機があるかにかかわりなく行われます。

❸試行錯誤（繰り返し練習する）

年長者と同じように遊ぶ、つまり遊びの中で同じようなパフォーマンスができるように繰り返し練習するプロセスがあります。野球でいえば、はじめはバットにボールを当てることもできなかったのが、失敗を繰り返しながら練習してヒットが打てるようになるのです。観察学習や機会教授の中で、目や耳から学んだことを自分（の身体）でできるようにしていくのです。

異年齢遊び集団における❶〜❸の学びは**子ども自身に学びたいという意欲（内発的動機）がある**ということがとても重要です。異年齢伝承遊び集団では年長者が教えようとするのではなく、むしろ年長者の遊んでいる姿に小さな子どもたちがあこがれを持ち、自らの動機で観察学習や機会教授、試行錯誤によって遊びを学んでいるということがわかります。

・観察学習＝遊びたいけど見ているしかない状況が学びの意欲・動機をつくりだす
・機会教授＝遊びたいのをじっと待っていた状況が、教えられる小さな子どもの学ぶ意欲や動機を強くする
・試行錯誤＝自分も早く同じように遊びたいからこそ、遊びのメンバーに入れるよう練習する

いいかえれば、異年齢伝承遊び集団があった時には、**学び手である小さな子どもの自発性や自主性によって遊びが習得され、次の世代に伝承されていった**のです。

先に述べたように、本節でみてきたような異年齢の遊び集団は、現代の日本ではほとんど見られなくなりました。それでは、幼稚園や保育所において、異年齢遊び集団のように、子どもの自発的・自主的な学びによって遊びを復活するためにはどうすればよいのでしょうか。

(4) 保育の中で遊びを再生するためにはどのようなことを考えるとよいか

❶ 大人の目線や存在を感じること

異年齢伝承遊び集団は大人の目の届くところや存在感を感じられるところで遊びを展開しました。したがって、保育においても、**保育者の目線や存在感を感じることができる状況があること**が、子どもが自分たちで遊びはじめる上で重要になります。

❷ 保育者と子どもが一緒にいること

異年齢伝承遊び集団では、常に年長者と年少者が日常的にいつも一緒にいます。その中で、年長者がこの集団のリーダーとしてどこで何を遊ぶかを決める力を持っています。保育において「年長者＝保育者、年少者＝子ども」という共通点があります。

❸ モデルとなる存在がいること

異年齢伝承遊び集団では、年少者は年長者と一緒に遊びの場に来て世話をされる必然性がある（求心性）一方で遊びから排除される（遠心性）ことが多いため、遊びたいのに遊ぶことができない、スポーツでいえば補欠である「みそっかす」（小川（1991））にありました。こうして**見ているしかない状況の中で、楽しそうに遊ぶ年長者にあこがれを抱く**ことが多くありました。そして、このあこがれて見ていることが年少者の学習を促しました。したがって、保育の中でも同じように学習が成立するためには、幼稚園や保育所という子どもたちが大人から保護されているという場の中で、**子どもたちが遊ぶ姿にあこがれる存在＝モデル**が必要となります。保育の中でこのモデルに最もなり得る存在は保育者です。そして、子どもたちによく遊ぶ姿があれば、年上の子どもや楽しそうに遊ぶ友だちもモデルとなる可能性を持っています。

❹ 繰り返し遊ぶことができる環境

異年齢伝承遊び集団では季節などによりある一定の期間は同じような遊びが繰り返し行われました。こうした繰り返しは子どもに試行錯誤を可能にし、遊びの習熟を促しました。保育においても、子どもが自分でやってみようとしたことが**繰り返し遊ぶことで試行錯誤できる環境**が必要です。

➡小川博久　「遊びの伝承と実態」無藤隆編『子どもの遊びと生活』金子書房　1991
➡小川博久編　「「遊び」の探求　大人は子どもの遊びにどうかかわりうるのか」生活ジャーナル　2001

3. 遊び保育が成立するには

(1) 室内遊びから外遊びという流れをつくる

❶ 室内遊びと外遊びの違い

　室内遊びと外遊びの違いはなんでしょうか。

　それは、**保育者が一度に把握できる範囲と身体の同調・応答のしやすさ（触れあいの度合い）**の違いです。

　まず、**保育者が一度に把握できる範囲**について考えてみましょう。外遊びの場合、一斉活動でドッチボールやリレーなどをする場合を除いて、自由に遊ぶ際、広範囲に子どもたちが分散してしまうと、どこでどの子がどう遊んでいるのかということの把握が困難です。一方、室内遊びでは、空間が限られており、**モノ・人・場**とのかかわりが中心となっているので、保育者の位置取りと環境構成を意識することによって、誰がどこでどのようにモノ・人・場とかかわっているのかということが把握しやすいといえます。ただし、それは、子どもたちが、「保育室内でじっくり遊んでいる」という前提の上に成り立つというところが重要です。保育室内に居心地のよさと遊びの魅力を感じていなければ、子どもたちは廊下を走り回ったり、保育室から出て行ったりしてしまうからです。逆に、保育者と子どもとの信頼関係が成立し、魅力的な室内遊びが保障されていれば、3歳児であっても室内で1時間近く目的を持って遊びを継続します。つまり、保育室内で子どもたちが主体的に遊ぶ姿は、保育者との信頼関係やそのクラスへの安心感をみる一つの尺度となるでしょう。

　次に後者、身体の触れあいの度合い（同調・応答のしやすさ）について考えてみましょう。室内遊びについて保育者が全体状況を把握しやすいということは、先にも述べたように、それだけ限られた空間であるということです。つまり、子どもの主体的な遊びに必要な「見る⇄見られる」「見て学ぶ」（第2章1・2参照）を保障し

やすいといえます。また、各コーナー内では、モノ・人・場とのかかわりが主であるため、モノとかかわりながら生み出されるリズム（ノリ）を近くで体感できます。そうすることによって、子ども同士の同調・応答関係につながりやすい、つまり、主体的な子どもの遊びが保障しやすくなるのです。

CHECK!

保育者が保育をしながら全体を見るには？

保育者の仕事として、保育全体の状況を把握し、安全確保や援助の優先順位を考えるということがとても重要です。しかし、プールの監視員と違って、保育者は、遊びの仲間として**かかわりながら見る**ことが求められます。

かかわりながら見ることを可能にするのは、室内・戸外かかわらず、**定点から壁を背にして見る**ということです。ウロウロと常に動き回っていたら、定点から全体を見ることはできません。もちろん、常にそのことが保障できるわけではありません。戸外遊びなどでは、ドッチボールや鬼遊びをしている時に、定点から見ることは難しいでしょう。つまり、できる限り、保育をしながら全体を見るということを意識することが大切なのです。

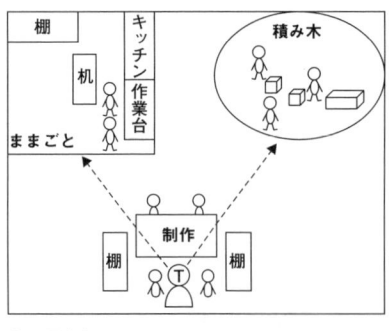

図2-3-1　室内の場合

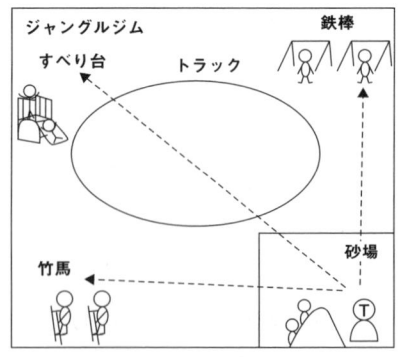

図2-3-2　戸外の場合

❷なぜ室内遊びから外遊びという流れがよいのか？

　現在、天気がよければ、登園した子どもが朝の支度を終えたら、園庭に遊びに出るという流れを日課にしている園は少なくありません。しかし、先にも述べたように、外遊びでは、保育者がしっかりと子どもたちの遊びの充実度を把握することが困難であるため、なんとなく遊びが見つからず浮遊している子どもを見過ごしてしまう可能性があるのです。だからこそ、室内遊びでの、子ども同士の人間関係や遊びの充実度を把握した上で、外遊びに移ることが重要なのです。遊び状況が安定的に展開された場合、保育室内という限られた空間の方が、外遊びに比べて遊び状況や子どもたちの人間関係、クラスに対する居場所感などを把握しやすいのです。また、室内での保育者の意図的な環境と援助により、子ども（たち）は、モノ・人・場との安定的なかかわりが外遊びに比べて築きやすいため、室内遊びから外遊びという流れが、保育者の遊び状況の把握という点や子どもの主体的な遊びを保障するという点からも有効であるといえるでしょう。

　そうすることで、特に気にかけてまなざしを送り、遊び状況を把握しなくてはならない子ども（たち）を意識しながら保育者自身が外遊びにかかわることができるのです。次の事例をもとに考えてみましょう。

事例　本当に絵が描きたくて描いてるの？　その後の外遊びとのつながり

《4歳児11月》

　室内遊びにおいて、製作コーナーで絵を描いているものの、よく手が止まり、周囲を見ているA子。A子は描き終った絵をお道具箱に無造作にしまい、また次の絵を描くという繰り返しでした。A子のようすから、手と目の協応は弱く、その遊びが楽しくてしているというよりは、他にすることがないからしているとか、その場にいる保育者や他児の魅力によってその場にいるという可能性が考えられます。

　その後、外遊びに出たA子を意識的に視野に入れ、まなざしを送っていると、場を転々とし、時々保育者の方を見ていることもあります。

第2章 遊び保育を再生するために

室内時　　　　　　　　戸外時

保育所保育指針 第1章　1（4）
保育の環境は<u>人・物・場</u>などの環境が相互に関連し合うよう工夫すべきであると明記してあります。

　この事例からわかるように、室内遊びのようすと同様、外遊びでもＡ子は、主体的にモノ・人・場にかかわっているとはいえないようです。つまり、室内遊びと外遊びの子どもの姿はつながっていることがあるということです。そして、室内遊び→外遊びをつなげて追跡することによって、Ａ子がより主体的に遊びに取り組めるような環境と援助を模索する必要性が保育者の課題として明らかになってきます。

　しかし、それは直接的にＡ子に声をかけ、「Ａ子ちゃん、こんなに楽しい○○があるから一緒にしよう」と誘いかけることではありません。

　なぜなら、幼稚園教育要領にも示されている「主体的に遊ぶ」ということは、子どもたちがモノ・人・場を選ぶことだからです。ただし、バス通園で登園時間に時間差のある園などについては、必ずしもこのような流れにすることが困難な場合もあるでしょう。あくまでも原則論であるということを書き添えておきたいと思います。

　それでは、子どもが主体的に遊ぶことを保障する環境と援助とは、どのようなものなのでしょうか。次項から考えていきましょう。

(2) 室内遊びを持続させる条件を用意する

❶ 子どもたちが自らモノ・人・場とかかわるための環境

　前項でも述べたように、保育の目標を子どもが「主体的に遊ぶ」ことだとすると、保育者の直接的な提案や誘いかけによって遊ぶのではなく、子ども自らが、モノ・人・場にかかわるということが重要になります。つまり、保育者にたずねなくても、遊びたい場がわかり、遊びに必要なモノを自分で取り出せ、片づけられるということです。自らモノと場にかかわり、遊びが楽しくなってくると、「この遊びを○○ちゃんとしたい」と、人とのかかわりにもつながっていくのです。

　「主体的に遊ぶ」ことが、モノ・人・場がつながっていくことだとすると、保育者が意図的に設定する保育室内のコーナーは以下の3つがメインとなります。

　①つくる（つくる、描く）
　②構成する（積み木・ブロック）
　③見立てフリ（ままごと、○○屋さんごっこ）

　また、自ら遊ぶ場と遊びに必要なモノが選べる環境は、1・2歳児クラスでも重要です。遠目に見ても、「あそこでお母さんのまねっこができるぞ」とわかる、つまり、ままごとコーナーとしての拠点性があり、お母さんに変身できるエプロンやおんぶひもといったシンボル、ごちそうに見立てられるおもちゃや材料、それを調理するなべやおたまがあることで、自ら、モノ・場とかかわることを可能とするのです。

第2章　遊び保育を再生するために

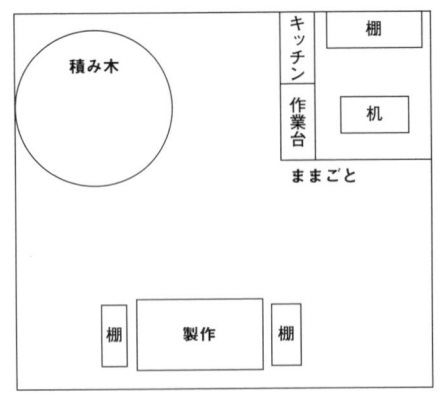
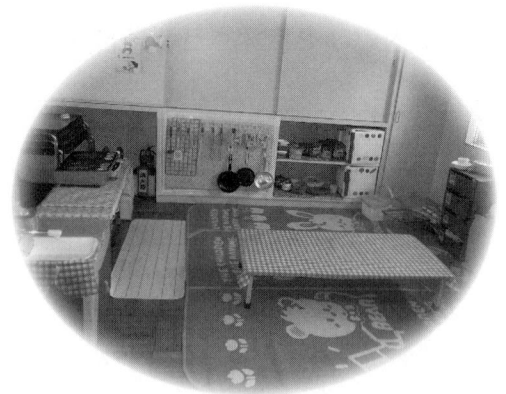

ままごとコーナー

ままごとコーナー　棚

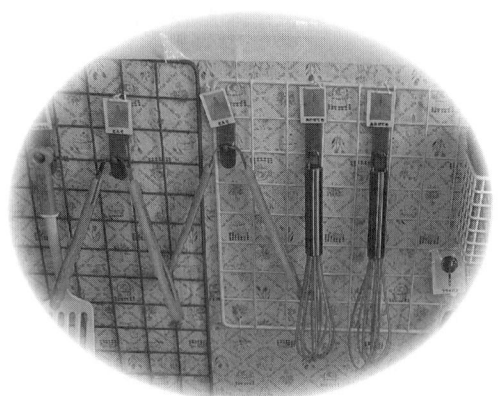

絵表示がされている

図2-3-3　ままごとコーナーの環境例

　しかし、物的環境を十分に準備しても、「遊びが続かない」と悩む保育者は少なくありません。なぜ、環境を整えても、遊びが続かないのでしょうか。それは、本章2節でも触れたように、地域に伝承遊び集団が存在しなくなった現在、豊かなモノ・場のみでは遊びは継続・発展しないことがあるのです。つまり、そのモノを使ってどう遊ぶと楽しいのかという原体験に乏しいということです。
　それでは、環境を整えることに加え、何が必要なのでしょうか。

❷ モノ・人・場とかかわる「モデル」としての保育者

　どこでどんな遊びができるかがわかる場（コーナー）の設定があり、それぞれの場（コーナー）の中で、遊びに必要なモノがどこに何があるかがわかるような環境が整えられていても、子どもだけでは、遊びが継続・発展しない場合、その場で何を使ってどう遊ぶと楽しいのかといった「モデル」が必要となります。「モデル」がある場合とない場合とでは、どのように子どもの遊びが変わってくるのでしょうか。事例をもとに考えてみましょう。

事例　同じ環境が整えられているのに、モノとのかかわり方がどうして違うの？

　4歳児やま組とかわ組のままごとコーナーには、綿の白いひもとカラフルな毛糸のポンポン（直径3cmほど）、お皿、おたま、おなべ、フライパンなどがあります。2クラスとも同じようにどこに何があるかがわかるように、整理整頓されており、絵表示もあるので、自分たちで使いたいものを取り出し、片づけることが可能な環境が整えられています。

　やま組では、保育者がおなべに麺に見立てた白いひもを入れて、麺をゆでるフリをしながら「今日は、ナポリタンにしようかな～トッピングは、ハムとコーンと…」とつぶやいています。そして、（こうするときれいに見えるかな…）といわんばかりに、麺を少しずつトングで取ってお皿に盛り、トッピングの毛糸のポンポンを一つずつその上に乗せていきました。それを見ていた子どもたちは、食い入るように保育者のフリを見て、その後、同じように丁寧に素材を扱いながらごちそうづくりを楽しんだのです。そして、1週間後には、保育者がままごとコーナーにいなくても、子どもたちだけでごちそうの素材や料理道具を丁寧に扱いながらごちそうづくりをする姿が見られました。

第2章　遊び保育を再生するために

　一方、かわ組では、保育者は環境についてはやま組と同様にきちんと設定したものの、保育者自身がどのようにごちそうをつくるフリをすればよいかわからず、言葉のやりとりばかりのかかわりをしていました。すると、保育者がいないと遊びが続かない、保育者がままごとコーナーから抜けると子どもたちもだんだんままごとコーナーからいなくなるということが起きました。また、ごちそうのつくり方も、おなべにゴソっと麺（ひも）や具（ポンポン）を入れ、速く雑な動きでかき混ぜるというものでした。そして、そのままそれをドサっとお皿に乗せ、ごちそうが床に落ちても気にしないようすでした。

　これは、筆者が実際に保育現場で観察した事例です。かわ組の事例からわかるように、保育者の「モデル」がない場合、遊びのイメージが弱く、モノとのかかわりが雑になったり、秩序が乱れるということが少なくありません。保育者の「モデル」性が定着し、前者の事例のように保育者がいなくても子どもたちの中に遊びのイメージが定着し、見立て・フリが豊かに出てきたら、子どもが「モデル」に成り得るのです。

　よく、ままごとコーナーを設定し、モノも十分に整えたのに子どもたちが遊ばないのは、もうごっこ遊びに関心を示さないからだといってコーナーを撤去してしまう保育者がいます。しかし、ままごとコーナーはモノ・場を見立て、なりきってフリを楽しみながら人間関係を紡いでいく、つまり、モノ・人・場をつなげていくことのできる素晴らしい場です。安易に、「遊ばない」＝「関心がない」と決めつけるのではなく、「モデル」がないからではないかと保育者自身に反省を返すことも大切です。

子どもたちが「主体的に遊ぶ」とは、最終的に保育者がいなくとも、子どもが自らモノ・人・場にかかわり、モノ・人・場をつなげ、広げていくことだとすると、子どもが遊びの「モデル」となっていくことは、子どもが遊びの主役になっていくことだといえるでしょう。
　それでは、子どもを主役にすることのできる保育者の「モデル」とは、一体どのようなものでしょうか。次章から考えていきましょう。

Lesson 1

第3章 遊び保育の実践に必要な考え方を学ぼう

1.「ノリ」でつくられる連帯性

遊び保育論 第3章 1

(1)「ノリ」ってナニ？

　「ノリが合う」「いつもとノリが違う」など、私たちは日常的にこのノリという言葉を使っています。実は、このノリという概念を子どもの姿や保育者の援助のあり方について考える視点にしていくと、これまで子ども個人やその子の家庭の問題とされてきたことが、保育者の環境と援助の問題として考え直すことができるのです。保育実践研究において、このノリという概念に着目し、子どもの主体的な遊びや園における居場所について分析している岩田は、「ノリ」を次のように規定しています。

　「関係的存在としての身体による行動の基底にあるリズム、およびその顕在の程度、すなわち、リズム感、また身体と世界との関係から生み出される調子、気分のこと」

　以下、本書では「ノリ」は岩田の考え方にもとづきます。この概念規定に従って、保育の具体的な場面を考えてみると、お集まり場面での手遊びや自由遊び場面でのごちそうづくりなどがイメージしやすいでしょうか。

　保育者の手遊びの「ノリ」と子どもたちとの「ノリ」が合っていると、とても一体感があります。また、ごちそうづくりで、子どもがボールの中のどんぐりをごちそうに見立て、泡だて器でカシャカシャとリズミカルにかき混ぜているようすを見ていた周囲の子どもが思わずその楽しそうな「ノリ」をまねして同じようにごちそうをつくりだす場面では、「ノリ」にノって、「ノリ」が共有されつつあるといえるでしょう。

> - ➡岩田遵子 「県立新潟女子短期大学付属幼稚園樋口嘉代教諭の実践に学ぶ 逸脱児が集団の音楽活動に参加するようになるための教師力とはなにか―ノリを読み取り、ノリを喚起する教師力」日本音楽教育学会編『音楽教育実践ジャーナル』5巻、2号、2008年、p.12-13

参考

(2)「ノリ」と逸脱児との関係

　これまで、お集まりの場面などで集団の輪から外れて行ってしまったり、他事をしている子どもたちについて「落ち着きがないのは家庭での親子のかかわりに問題がある」とか「落ち着きがない気質だから、なかなかみんなと一緒にできなくて仕方ない。だから加配の先生についてもらう」という話を耳にすることが少なくありません。しかし、必ずしもそうではないということが前項の「ノリ」を意識した実践からわかります。このことを岩田は、逸脱児が逸脱してしまうのは、その子どもがクラスの子どもたちの「ノリ」に身体的に同調できない、「ノリ」が共有できていないと指摘しています。

　「ノリ」と逸脱児との関係性について、次の事例をもとに考えてみましょう。

事例　逸脱は子どものせい?!

《4歳児さくら組20名4月》

　さくら組の山田先生は、手遊びや絵本の読み聞かせを毎日の保育の中に積極的に取り入れています。「さあ、楽しいことするよ!」といって、子どもたちを先生のまわりに集めます。山田先生は、子どもたち一人ひとりの顔を見ながら、自分自身が楽しんで子どもの前に立っています。

　4月末になり、少しずつ子どもたちが山田先生の「さあ、楽しいことするよ!」の掛け声にワクワクしながら集まるようになってきました。でも、A君、B君、Cちゃんは今日も後ろの方にみんなと少し離れて座り、外を見たり、寝転がったりしています。山田先生は、手遊びをすぐにははじめず、「Aくんのかっこいいお顔が今日も見えるかな…あ!よかった見えて見えた。Bくんは…あ、いたいた。うれしいな。Cちゃんも元気そうなお顔が見えたね。じゃあ、はじめるよ〜」とゆっくり全員の顔を見渡してから、「いっぴきののねずみ」をはじめました。しかし、A君、B君、Cちゃんは他の子のように楽しそうに山田先生のリズムに合わせて手遊びをすることはありませんでした。でも、山田先生はA君、B君、Cちゃんにも（楽しいね）という気持ちを込めてまなざしを送りながら手遊びをしています。

（Aくん　Bくん　Cちゃん）

《4歳児さくら組20名7月》

　絵本「おおきなかぶ」を山田先生が手に取り「さあ、絵本を読むよ。絵本が見えるところにおいで〜」と声をかけます。A君、B君、Cちゃんは相変わらず後ろの方に座ってはいるものの、身体を前傾させて山田先生が持っている本を見つめてい

ます。山田先生が絵本を読みはじめてもその姿勢は変わらず、「うんとこしょ！どっこいしょ!!」のかけごえのところでは、A君たちも含め、クラス全員がかぶを抜く仕草をしながら、声を合わせて「うんとこしょ！どっこいしょ!!」と繰り返し唱えていました。

　この2つの事例から、「ノリ」を共有する活動を保育者が意識的に保育の中に組み込み、「きちんとお話を聞きなさい！」ではなく、「大好きなA君もB君もCちゃんも一緒にここにいてくれることがうれしい」というメッセージを丁寧に送ることによって、「ノリ」は共有されていく＝逸脱児ではなくなるということがわかります。

　「大好きなA君もB君もCちゃんも一緒にここにいてくれることがうれしい」というメッセージを丁寧に送るとは、具体的にどうすればよいのでしょうか。それは、自由遊びでもお集まりといった一斉活動でも一緒なのです。次節でみていきましょう。

> 参考
> ➡岩田遵子『現代社会における「子ども文化」成立の可能性－ノリを媒介とするコミュニケーションを通して』風間書房、2007年、p.111

2. 保育者と子どもたち一人ひとりが"つながっている!"と感じられる関係づくり

(1) お集まり場面での"つながっている!"と感じられる関係づくり

前節の事例「逸脱は子どものせい?!」をもとに考えてみましょう。ポイントは以下の3つです。

①応答・同調がしやすい位置取り
②心理的・物理的に距離がある子どもに送るメッセージ
③「ノリ」の共有

①は、イラストにもあるように、保育者を扇型に子どもたちが囲む形で座るということです。この位置取りにより、子ども同士の身体の距離が近くなり、ノリを共有しやすいといえます。また、保育者と子どもとの距離もほどよく近いことで、保育者からのまなざしが後ろの子どもにも送りやすく、また、子どもとのやりとりが生じても応答的になりやすいのです。

②については、事例でいうA君、B君、Cちゃんのように、後ろの方に座る子どもへの援助です。後ろや端に位置する子どもは、そのクラスへの居心地のよさが弱いとか、保育者との信頼関係が弱いということがいえます。つまり、心理的距離と物理的距離は比例することがあるのです。そのことを踏まえると、保育者がクラスの子どもたちみんなに「**あなたとつながりたい**」というメッセージを送ると共に、特に心理的・物理的に距離にある子どもへは、「**あなたがここにいてくれることがうれしい**」というメッセージを言葉とまなざしで送っていく必要があるのです。また、お集まりの前後で、その子どもと保育者との個人的な話をあえてみんなの前ですることも、つながりを強めていく手法の一つとなります。

③については、保育者が「ノリ」が共有できる手遊び、歌、絵本の読み聞かせ、素話（口演童話）を繰り返し毎日の保育の中に組み込んでいくことにより、クラス全体の「ノリ」が合ってきます。このことは、事例におけるA君たちの姿の変化からもわかることでしょう。

ワーク
ロールプレイをしてみよう！〜Part1〜

　園の先生方を子ども役に見立て、手遊びや絵本の読み聞かせをしてみましょう。どのようなまなざしの送り方、声のかけかたが、「**あなたとつながりたい**」というメッセージとして届きやすいのかを体感し、意見交換してみましょう。保育者役を交代したり、実践場面をビデオ撮影し、後でみなさんと振り返ることも効果的ですよ。

コラム
実習生の気づき

　実習生が授業の中で、「遊び保育論」について学び、実習にのぞみました。頭で理解することと実際に実践してみることの難しさに直面したようですが、「できていないことに気づく」「どうしたらできるのか考える」という過程の大切さを痛感しました。以下は、学生のコメントです。

　「実習で、毎日手遊びをさせていただいたのですが、緊張してしまい、最初の頃は前の方の子どもばかりを見ることが精一杯で全く後ろの方の子どもにまなざしを送ることができませんでした。その子どもたちは、同調性が低く、私や他の子どもたちとノリを共有できていなかったのだと思います。もっと意識して後ろの方の子どもや端にいる子どもにも"あなたとつながりたい"という気持ちを言葉やまなざしで送れるようにがんばりたいです。」

(2) 生活場面や自由遊び場面での"つながっている！"と感じられる関係づくり

　生活場面では、以下の3つがポイントです。
　①子どもの名前を呼ぶ
　②アイコンタクトをとる
　③降園時に一人ひとりの子どもの顔を見ながら送り出す

　「〜組のみなさん」ではなく、自分の名前を呼ばれることが、「つながっている安心感や喜び」をダイレクトに伝えます。しかし、いつも全員の名前を呼べるとは限

らないため、アイコンタクトにより、「**あなたとつながりたい**」というメッセージを送るのです。また、降園時にしっかり一人ひとりの子どもの顔を見て言葉を交わすことにより、保育者とのつながりを感じながら翌日の登園への期待、遊びへの意欲につながっていくことでしょう。

次に、自由遊び場面について考えていきましょう。自由遊び場面では、以下の3つがポイントです。
①「見る⇄見られる」関係性を保障する環境
②アイコンタクトをとる
③「見て学ぶ・まねる」を保障する援助

自由遊びの場合、同時進行でさまざまな場所でさまざまな遊びが展開されるため、一度に全員とかかわることはもちろん、アイコンタクトをとることも難しいですね。だからこそ、保育者がどこにいても、壁に背を向けて座り、遊びの仲間としてモノとかかわりながら、他のコーナーにまなざしが送ることができる環境構成であることが重要になります（図3-2-1参照）。その環境は、子どもたちからも保育者や他のコーナーが見えるということになるため、保育者とつながっているという実感だけでなく、保育者や他の子どもの遊びのようすを見ることも可能にするのです。第2章で触れたように、遊びというものが、子どもの主体的な活動であるとするなら、「見て学ぶ・まねる」ことのできる環境と援助が重要となってくるのです。

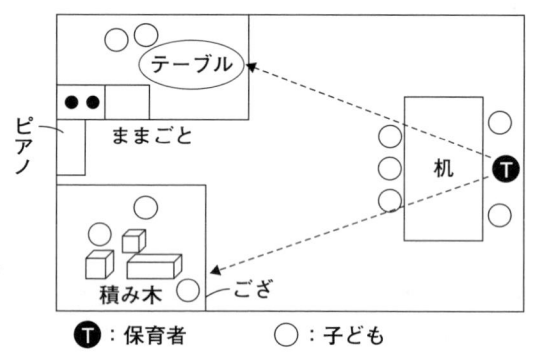

それでは、「見て学ぶ・まねる」ことのできる援助とはどのような援助でしょうか。次節より考えていきましょう。

3. 保育者があこがれの存在「モデル」となるために

(1)主体的な活動としての遊びとは?

　幼稚園教育要領で示されているように、遊びとは子どもの主体的な活動であるとすると、たとえば、自由遊びにおいて保育者が「～しよう」「～してみる?」と直接的に誘いかけることは、ここでいう遊びではないことになります。では、主体的な活動としての遊びは何を指すのでしょうか。

　主体的に遊ぶとは、「やってみたい」という気持ちである「あこがれ」によって成立します。しかし、第1章・第2章でも触れたように、現代社会において、この「あこがれ」は自然発生的に子どもたちが抱けるものではなくなっています。それは、地域に「見て学ぶ・まねる」「あこがれ」の対象がなくなってきているからです。家庭においても、電化製品の普及・進歩により、家事の中にフリが少なくなっているのです。ボタン一つでなんでもできることは、大変便利ですが、そこに遊びの魅力となる「あこがれ」は乏しいといわざるを得ません。

　それでは、どうしたら「あこがれ」を抱き、主体的に遊べるのでしょうか。次項より考えていきましょう。

(2)「あこがれ」=「モデル」となるには

　子どもたちにとっての遊びの「あこがれ」は親しい人のモノとかかわる姿や動き(所作)がその動機となります。ここでいう親しい人は、家庭であれば、親でしょう。一方、保育所や幼稚園といった集団保育の場では、保育者となります。保育者が楽しそうに遊ぶ姿を「モデル」とし、「見てまねる」ことによって、子どもの主体的な遊びは成立するのです。その模倣による学習が子ども自身の遊びになっていけば、子ども同士が「あこがれ」の対象となり、子ども同士の育ち合いにつながっていくことでしょう。

　では、ここで保育者の「モデル」のあり方について、具体的に考えていきましょう。

(3) 室内遊びでの保育者の「モデル」とは

第2章でも述べたように、室内遊びは、モノ・人・場とのかかわりあいが主であるため、このモノ・人・場がつながって遊びが発展・継続した場合には、子どもの主体的な遊びになりやすいといえます。また、空間が限定されているので、「見てまねる」のに必要不可欠な「見る⇄見られる」環境構成も行いやすいのです。そのような保育室の環境では、子どもにとっての遊びの「あこがれ」としての保育者の「モデル」性が発揮しやすいといえます。では、具体的に、子どもにとっての遊びの「あこがれ」としての保育者の「モデル」とは、どのようなものでしょうか。

2つのキーワード「保育者は表現者」「保育室は舞台」から考えていきましょう。

❶保育者は表現者

保育者がモノとかかわる姿が、「私にもできそう！　かっこいい！　やってみたい！」とクラスの子どもに思えるということが「あこがれ」となります。それは、**遊びの仲間として表現をし、演じなくてはなりません。**

このことを次の2つの事例を通して考えてみましょう。

事例　実習生が一生懸命子どもの要求に応えると…

4歳児もも組に入った実習生の明子さんは、自由遊びの際、製作コーナーで折り紙を折っていました。すると、子どもから「かぶとむし折って！」とお願いされました。子どもからお願いされたことがうれしかった明子さんは、一生懸命、折り紙の本を見ながらかぶとむしを折り、子どもに渡しました。すると、「次はこれも折って！」「次は私も折って！」と要求が次から次へと続きました。その上、明子さんが時間をかけてつくってあげたかぶとむしなどは一瞬のうちに子どもたちのお道具箱にしまわれたのです。

その日の明子さんの記録には、「子どもたちの要求に応えてあげようと一生懸命頑張ったのですが、その間、他の子どもたちや遊びのようすがまったく見られませんでした。」と書かれていました。

事例　遊びの仲間としてかかわると…

　翌日、明子さんが実習で入ったもも組の担任加藤先生が、製作コーナーで粘土を使ってスパゲッティーをつくっていました。すると明子さんの時と同じように、子どもたちが「先生！かぶとむしつくって！」といいに来ました。すると加藤先生は、「え〜！私、今お腹がすいたからお家（ままごとコーナー）でおいしいスパゲッティーを食べようと思ってつくってるんだけど…それに、かぶとむしは難しくてつくれないな〜このお花なら1個だけつくるけど…1個だけだよ。」そういうと、加藤先生は本を見ながらお花をつくりました。そのようすをじっと見ていた子どもたちの中からは、同じようにそのお花をつくる子や加藤先生のようにスパゲッティーをつくる子が出てきました。

> スパゲッティーつくってるからこのお花1個だけね

　この2つの事例の違いは何でしょうか。

　前者の事例は、「**お世話をしてあげる大人**」、後者の事例は、「**遊びの仲間としての大人**」といえます。

　つまり、前者の事例では、明子さんがつくってくれるという明子さんとの人間関係を求めているため、主体的な遊びにはつながっていかず、お道具箱にすぐしまって、また次…となっています。一方、後者の事例では、遊びの主体者として、「スパゲッティーがつくりたい」と保育者が主張した上で、難しいかぶとむしではなく、4歳児でもつくれそうなお花を1個だけつくったため、子どもたちの遊びにつながっていったのです。まさに加藤先生の「モデル」を「見てまね」たのです。つまり、保育者は、表現者、「モデル」として子どもたちに「見られている」ことを自覚することが大切なのです。

　これは、幼稚園教育要領に明記されている「共同作業者」としての役割を果たしているといえるでしょう。遊びの仲間の一人として共同作業をすることにより、子どもが主体的に遊べるようになれば、保育者は表現者として「モデル」を演じつつ、周囲を「見る」ことも可能になります。他のコーナーは遊びが充実しているか、子

第3章　遊び保育の実践に必要な考え方を学ぼう

どもたちは遊びの「めあて」を持って遊んでいるかなどです。そうすることによって、援助の優先順位を模索できることにもなるのです。これは、遊びや保育状況を把握・理解するという点から、幼稚園教育要領に明記されている「理解者」としての役割に通じるでしょう。

　以上のことから、保育者は全体を「見る」ことと、子どもたちから「見られている」ことを意識しながら「モデル」を演じる表現者にならねばならないといえます。

❷保育室は舞台

　保育者が表現者として「モデル」を演じながらも「理解者」として、全体状況を把握し、遊びや子どものようすを理解するためには、さきほどから繰り返し述べているように、「見る⇄見られる」を保障する保育室環境でなくてはなりません。もちろん「見る⇄見られる」保育室環境は、保育者→子どもの一方向だけでなく、保育者←子ども、子ども同士（子ども⇄子ども）の「見てまねる」やアイコンタクトを可能にするという意味においても、重要であるといえます。

　これらのことから、保育室は「見る⇄見られる」を可能にする装置を備えた舞台であると捉えられるのです。つまり、「見てまねる」「見る⇄見られる」を保障する舞台装置を備えた舞台において、保育者は表現者として役者＝「モデル」を演じながら、演出家として監督の役割があります。最終的には子どもたちが舞台での主役になって遊びを継続・発展させていくことを目標としているのです。

CHECK!

遊びの仲間って?!

　室内の3つのコーナー「つくる」「構成」「見立てフリ」それぞれにおける、保育者の「共同作業者」「理解者」としての役割を具体的に挙げてみましょう。その際、「遊びの主体者として」「遊びの仲間として」という点を意識してみるとよいでしょう。実際のクラスをイメージしながらどのような舞台装置で表現者として「モデル」を示すとよいのか、環境と援助について考えてみましょう。

関連　幼稚園教育要領　第1章　第4の3（7）に、教師の役割は、理解者・共同作業者と明記してあります。

Lesson 2

遊び保育を保障する子ども理解・環境・援助を考えよう

　一人ひとりの子どもと丁寧にかかわりたい！と考えても、実際には、それはとても難しいですよね。なぜなら、担任保育者は、その子どもとだけかかわっていればよいわけではないからです。クラスが落ち着いてはじめて、一人ひとりの子どもの理解ができ、それにもとづいた環境構成や援助の見通しを持つことができます。その具体的な内容について見ていきましょう。

Lesson 2

第4章 遊び保育を保障する幼児理解・環境構成・援助とは何か

1. 遊び保育を保障する環境とは？

遊び保育論 第4章 1

　園内研究会に参加させていただくと、次のような声をよく聞きます。
「遊び保育の時に、どうやって環境をつくっていいかわからない。」
「とりあえず、子どもが遊べるように環境をつくってみたけど、これでいいのかよくないのか不安である。」
「環境をつくってみたけど、子どもの遊びがすぐに終わる（変わっていく）。」
　筆者自身、大学4年間で保育環境をどのように考えるのかという授業もなく、実習先で担任の先生の環境構成を「こういうものなんだ」と思って学んだだけでした。毎年、新しいクラスになると、先生方は子どもたちの遊びが充実することを願って環境をつくります。しかし、何をどのように構成したらよいのかという視点がはっきりしないと、悩んでしまいます。ここでは、具体的なワークや事例を通して、集団保育の中での遊び保育における環境の構成について考えてみましょう。

(1) 環境を考える基本的な視点

　Lesson1では、遊び保育についての基本的な考え方を整理しました。それをもとに、集団保育における遊び保育を展開するために求められる環境を考えるのですが、具体的なワークをするときにポイントとなるキーワードを確認しておきましょう。

❶遊びは主体的な活動

　第2章で遊びの定義をしましたが、一言でいいかえるならば、遊びは主体的な活動といえます。では、どのような活動が主体的なのかと考えれば、それは**環境とのかかわりが主体的**なのです。

❷環境って何だろう？

保育についての環境を次のように考えたいと思います。

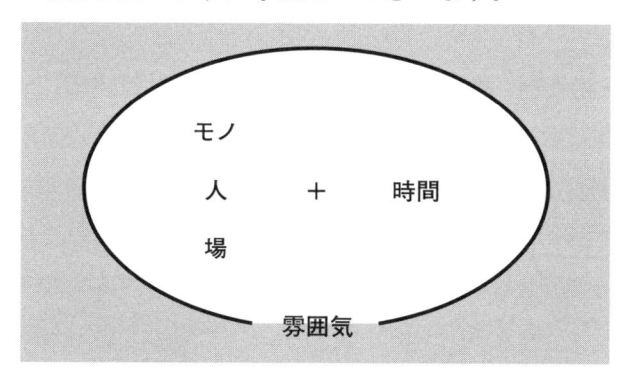

```
         モノ
         人    ＋    時間
         場
           雰囲気
```

図4-1-1　保育における環境

この中で、時間は指導計画やデイリープログラムとかかわってきます。雰囲気はこれらの環境の要素が重なり合ってつくられるイメージともいえます。そこで、本節で具体的に構成を考える環境は「**モノ・人・場**」になります。

・**モノ**…物的環境（素材、道具、遊具など）
・**人**　…人的環境（保育者、友だちなど）
・**場**　…遊びのイメージと結びついた空間

モノ・人・場を遊びのイメージごとに用意したものを一般的にコーナーといいます。

❸**子どもが主体的に遊ぶためには、遊びの拠点となるコーナーが必要！**

繰り返し子どもが遊ぶコーナーは、具体的な遊びのイメージと結ばれた状態で子どもに理解されます。こうした場所を遊びの拠点と呼びます。子どもが自ら遊びを選択し（自発性）、自分で遊びを進める（自主性）ためには、こうした拠点ができることが必要です。どこで何ができるかわかると、やりたい遊びを自分で見つけることができます。そして、どこに何があって、どのように使うことができるのかがわかるように環境を工夫しておくことで子どもが自分でモノや場、さらには人と主体的にかかわることができるのです。

❹**どのような種類のコーナーが必要か？**

部屋の広さや年齢にもかかわってきますので、この後のワークでも考えていただきたいのですが、遊び＝ごっこであるという視点からすると、少なくとも年少以上

第4章　遊び保育を保障する幼児理解・環境構成・援助とは何か

の保育室では、遊びのきっかけとなる見たて別に次のようなコーナーは保育者が用意しておくとよいのではないでしょうか。

つくり見立て　→　**製作**

フリ見立て　→　ごっこ

場の見立て　→　**積み木**（ブロック）

❺**子どもが安心して遊ぶことができる状況をつくろう**

　不安なところ、落ち着かないところでは、子どもがしっかりと遊びこむことはできません。子どもが遊びこむ状況をつくるために、次のような点を考えてみましょう。

○**見る⇄見られる関係**を保障しよう

　遊びの場面ではいくつかのコーナーがあり、子どもたちが同時に異なる遊びをします。したがって、Lesson1で述べられているように、それぞれの遊びを「見る⇄見られる」ことができるようにして、クラス集団全体に目配り、気配りができるようにします。これは、子どもたちの安心感と共に、保育者が集団全体の遊び状況を把握する上でも大切なことです。

○子どもの動線を考えてみよう

　たとえば、出入口や手洗いの前にコーナーを置くと、常にコーナーの中や横を人が動いているので、その場所は落ち着きにくくなります。Aコーナーの出入口に違うBコーナーがあると、Aコーナーは出入りができず孤立し、BコーナーはAコーナーで遊ぶ子どもが出入りしてコーナーを横切ることになります。

○落ち着いて遊ぶことができる**間取り**を考えよう

　コーナーの広さや形も遊びにとっては大切です。狭すぎるコーナーも活動しにくく、広すぎるとさびしい感じがします。このことは各家庭の部屋と同じです。形によっても子どもの居心地は変わります。そして、環境自体の形も大事です。たとえば、子どもは縦長の部屋では縦方向に走り回る傾向があります。

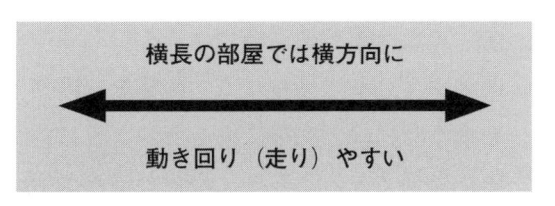

横長の部屋では横方向に
←―――――――→
動き回り（走り）やすい

図4-1-2　横長の部屋での子どもの動き

●関連●
幼稚園教育要領　第1章　総則　第1　幼稚園教育の基本
保育所保育指針　第1章　総則　1　保育所保育に関する基本原則　(4) 保育の環境

(2) 保育室の環境を考えよう

　それでは、ワークシートを使って具体的に保育室の環境を構成してみましょう。

第4章　遊び保育を保障する幼児理解・環境構成・援助とは何か

ワーク

保育室の環境図を描こう

　ワークシート①（本書p.53）は4歳児25名のクラスの保育室です。この4歳児クラスの2月、午前中の自由遊びの時間における環境図を、実際に自分が保育することを想定して描いてください。
※園内研修ではワークシートのように、自分の保育室を描いてもよいと思います。
　環境図を描くにあたって、次のような点を踏まえましょう。

①子どもの主体的な「遊び」を保障するコーナーを具体的に描く
　保育室のどこに、どのコーナーをつくるのかを具体的に描いてください。
　コーナーの広さや区切り（敷物や棚）についても具体的に描いてください。特に、棚については位置や高さについても、考えたことを余白にメモで書いておきましょう。

Hint
▶敷物は子どもたちが自分たちのグループが入れる場所を決める（示す）装置です。遊びの人数や必要な空間の広さを考えてみましょう。
　（描き方の工夫）畳やじゅうたんは色分けする（黄緑とオレンジなど）
　　　　　　　　　背景を変える（枠組みや斜線など）
▶棚も子どもたちが自分たちのグループが遊ぶ場所を決める（示す）装置となります。また、棚を使う場合は、その高さやコーナーのどこに置くのかは遊び場の雰囲気や「見る⇄見られる」関係を保障する上でとても大事です。そこで、環境図を描く時には、実際に棚をどのように置くのかを図の中に描き入れましょう。実際に描いてみることで、全体の図ができあがった時に、棚の置き方によって、遊びやすいかどうか、そのコーナーと他の遊びの場との関係（お互いに遊ぶ姿が見えるのか）などを振り返ることができます。
▶コーナーの仕切りで、棚のほかに、柵やダンボールでつくった壁を用いる場合も、棚と同じように図に描き入れましょう。
▶棚や柵などの高さは、具体的にどのくらいの高さがよいのかを考えて、余白に記入しましょう。
　※一斉活動場面の環境図も基本は同じです。

②教材・教具の種類や置き方を枠外の余白に書く

　製作やごっこ遊びのコーナーでは、さまざまな素材や道具、おもちゃやぬいぐるみなどを置くことが想定されます。こうした教材・教具について、何をどのように（可能であればどのくらい）置くのかを余白に書きましょう。下図のように、絵を使って描いてもわかりやすいと思います。

　また、ピアノや机・いすなどの位置やおおよその高さも書いておきましょう。

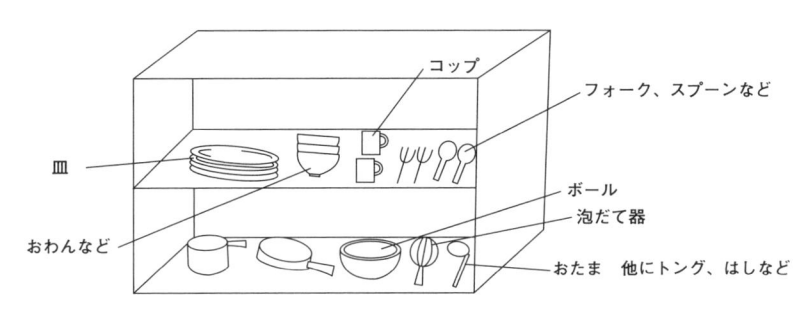

図4-1-3　教材・教具の示し方の例

Hint

▶道具や材料を置いておくと、それを必要とする遊びをしたい子どもたちはその前に集まって、遊びはじめるという研究結果があります。遊びの道具や材料といったものとそれをする場が結びついていると、子どもたちは遊びはじめやすいといえます。

▶どこに何があるのかわかると、子どもたちは自ら環境を用意して、自分たちで遊びをはじめ、進めていくことが可能になります。何をどのように置くと子どもにとってわかりやすいでしょうか。

▶モノの置き方の参考例として家庭の台所にある食器棚を考えてみましょう。お皿、お椀、お茶碗、はしやスプーン、コップなど、どのように置いてあるでしょうか。

③出入口を必ず描く

　今回のワークシートには設定上出入口が描いてありますが、環境図を描く時には子どもの動線を考えるために必ず出入口を描きこみましょう。

第4章　遊び保育を保障する幼児理解・環境構成・援助とは何か

④保育者の位置を描きこむ

たとえば、各遊びのコーナーでは保育者がどこにいるのかということを、記号などを活用して図の中に示しておきましょう。

（例）保育者：Ⓣ

　　　記録や指導案では、子どもも環境図に書き加えます。その際は、

　　　子ども：Ⓒまたは頭文字（K、Aなど）を使うとよいでしょう。

Hint

▶0歳児の保育室の環境の場合、ねんねの子から伝い歩きをする子までの発達の差が大きく、また、「つくる」という作業は、まだ難しいでしょう。基本的なコーナー設定は、下図のように積み木を並べる・積むといった「構成」や「保育者とのやりとりを楽しむ場」、「動きを楽しむ場」がメインとなります。

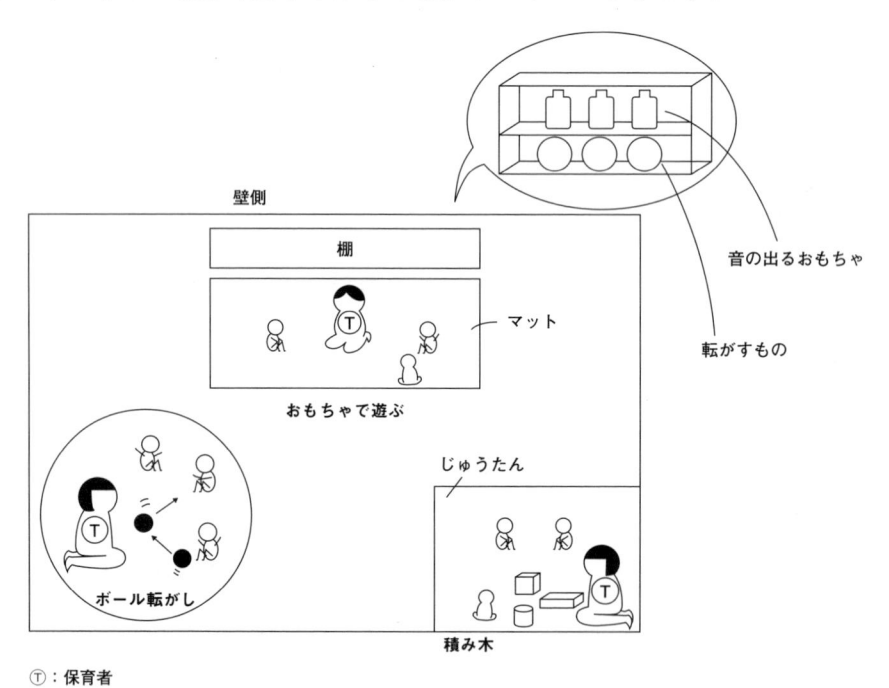

Ⓣ：保育者

図4-1-4　0歳児の保育室の環境例

ワークシート①

	掃除道具
	ロッカー
	棚

出入口

(3) 環境構成の課題

ここでは、これまで園内研究で検討した環境構成の具体例から、どのような点を考えるとよいのかを検討してみましょう。

❶ 環境図事例1（図4-1-5）

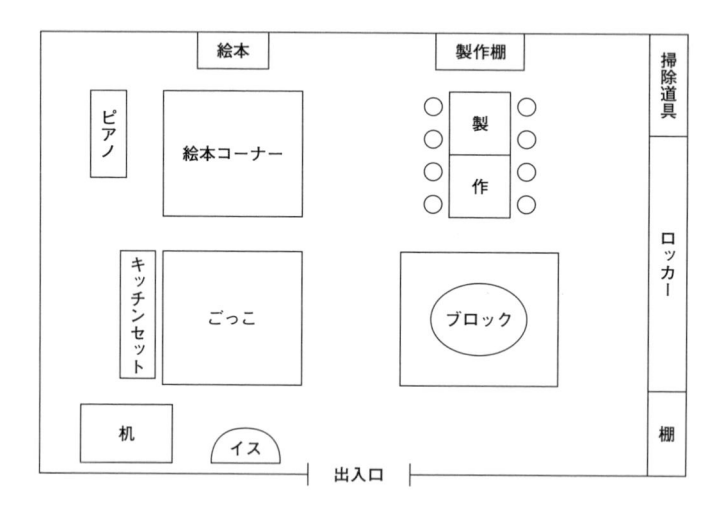

環境図事例1では、部屋の中央寄りに4つの場が用意されています。そのうち、製作には机が4脚、ごっこ、ブロック、絵本の場にはカーペットが敷かれています。まず、子どもが主体的に遊ぶ場の設定としては、本書p.48で製作、ごっこ、積み木またはブロックを用意するとよいと述べましたが、この環境ではそれが満たされている点はよいと思います。また、活動する場所に活動するものを用意しようとされていることもよいでしょう。これは、**子どもはモノのある前で遊ぶことが多いという特色**を踏まえて構成されているということです。ただ、それぞれの遊びの場所が近すぎることで、**場所ごとの遊びのイメージが子どもにわかりにくいこと**と製作の机が長方形におかれることで**保育者が入った時にその存在感と目配りがコーナー全体に伝わりにくい**という課題があります。

図4-1-5　環境図事例1

❷ 環境図事例2（図4-1-6）

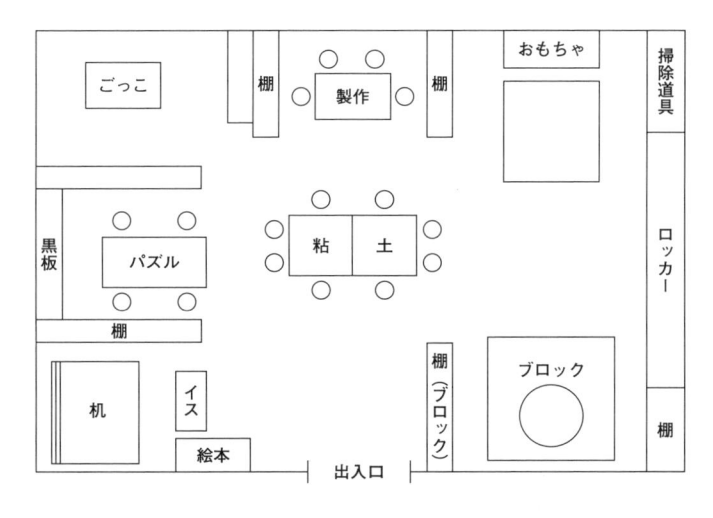

　環境図事例2は、さまざまなコーナーが用意されています。この環境を考えられた先生の思いとして、まず製作は廃材製作と粘土は使うモノが違うので、それぞれ場所を確保したほうがよいと考えました。そして子どもたちがやりたいと思うモノ、部屋の中で使えるさまざまな教材を子どもたちが使えるようにということでした。

　この事例では、中央にある粘土と絵本のコーナーをのぞいては、概ね**コの字型にコーナー**がつくられています。コの字型のコーナーは違う遊びをする子ども同士の動線を区切り、空間としても仕切られているので、コーナーの形としては**子どもの遊びが安定感を持ちやすいよう**になっています。

　しかし、せっかくのコの字型もコーナーの数が多く互いに接近しているため、その出入口をふさぐことになっています。また中央に粘土のコーナーがあり、相互に**見る⇄見られる関係**がつくりにくくなっています。こうした配置は子どもたちのノリの共有や保育者の存在による安定感を持ちにくくさせてしまいます。また、コーナーの数が多いことで、保育者が見る・かかわる場所が多くなり、「あっちもこっちも見てかかわらなくてはならない」とあわただしく動き回ることを促します。結果として、**それぞれの遊びに対する見取りと援助を適切に行うことが難しくなる**のです。

図4-1-6　環境図事例2

第4章　遊び保育を保障する幼児理解・環境構成・援助とは何か

❸ 環境図事例3（図4-1-7）

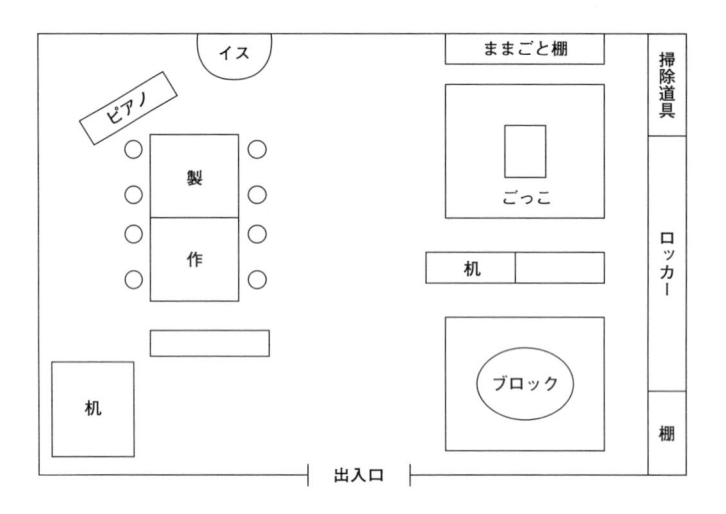

　環境図事例3はコーナーを製作、ごっこ、ブロックの3つで構成しています。コーナーも壁や机などを使って**コの字型**になっています。また、中央にスペースがあり、各コーナーも中央に向けて空いている点は**見る⇄見られる関係**をつくるということについてよく配慮された環境であると思います。

　この環境の課題は次の3点です。一つは環境図事例1同様に製作コーナーの机の形、2つ目はロッカーの前にコーナーがあるということです。早く登園した子どもが遊びはじめた時に、登園した子どもが荷物を置くためにコーナーを通るため、遊びが落ち着かなくなる可能性があります。3つ目はごっことブロックの区切りの机です。事例のように隣接したコーナーを机で区切ると、その机をいずれかの遊びが使うことで、場の区切りがあいまいになります。

図4-1-7　環境図事例3

(4) 環境構成の具体例

　それではどのような環境を構成するとよいのでしょうか。環境図事例4（本書p.59図4-1-8）で考えてみましょう。

　まず、環境図事例4の環境では、基本となる製作、ごっこ、積み木の3つのコーナーが用意されるとともに中央が空いており、それぞれのコーナー同士がよく見えます。つまり**見る⇄見られる関係**が保障されます。前述の通り、この関係は**ノリの共有**を促します。保育者が図中の◎で示したように壁を背にして座ると、この関係を子どもたちとつくりやすくなります。破線で示した三角形はこの保育者や子どもの目線を示しています。

　この見る⇄見られる関係はクラス全体の遊びに責任を持つ**保育者が全体の状況を把握**することを可能にすることに加えて、自分のいないコーナーにも目線を送ることができ、**子どもが保育者の存在を確認**することも可能にします。このことによって、子どもたちの安心感が生じ、落ち着いて遊びを展開することを可能にします。

　また、コーナーを一方向に偏ることなく配置しているので、部屋全体ににぎわい感を感じることができます。こうしたことも部屋全体に楽しく遊ぶ場という雰囲気をつくり、さらに子どもの安心感を促します。

　各コーナーは壁や棚を使って**コの字型**につくられています。このことは、他の遊びの子どもとの動線を区切り、場のイメージをはっきりさせます。ただし、積み木については子どもが自分たちのイメージで場をつくりやすいようにL字型にしてあります。ブロックの場合は座って活動できるようにマットを敷き、コの字型にするとよいでしょう。

　部屋全体の形を見ると、少し横長の部屋になっています。そこで、横に動く流れが出にくくするように、コーナーの仕切りを横に対して縦の方向に置きます。こうすることで横の動きが出にくくなります。自動車でたとえるとS字カーブやクランクの形になるからです。製作の机を縦長の棚に対して横に置くことも同じ理由なのです。

　次に、各コーナーの中について見てみましょう。製作コーナーでは、参加者がなるべく丸くなって活動するように机を並べ、そこにシートをかけます。ごっこの丸テーブルも同じです。囲炉裏や井戸端で丸くなって作業するイメージです。互いに違う作業をしていても、一緒に遊ぶ仲間という雰囲気を持ちやすくなり、作業のリズムが**同調**したり、子ども同士の**応答**の関係が出てきたりします。このことが、子

第4章　遊び保育を保障する幼児理解・環境構成・援助とは何か

どもたちのつながりや遊びのイメージを強くします。

　図4-1-8の事例では、ごっこの場所に畳を敷きました。畳を敷き、入る時に上履きを脱ぐことで、部屋（ごっこの世界）の中に入るということを子どもが意識します。そのことが**場のイメージの共有**を促します。

　製作やごっこの棚には、そこで使うものを種類別・大きさ別・用途別に配置します。ここで大切なことは、**子どもがどこに何があるかわかる**ことです。本書p.30図2-3-3にあるような絵表示もとても有効です。また、よく保育室にあるものをすべて出してある例を見ます。しかし使いこなせず、モノが散らかっていることも多いのです。子どもの育ちや保育のねらいによって出し方を工夫することが大切です。基本的には、子どもの育ちと共に、保育者が行う環境の準備は少なくし、子どもが工夫して行うようにする配慮が必要です。

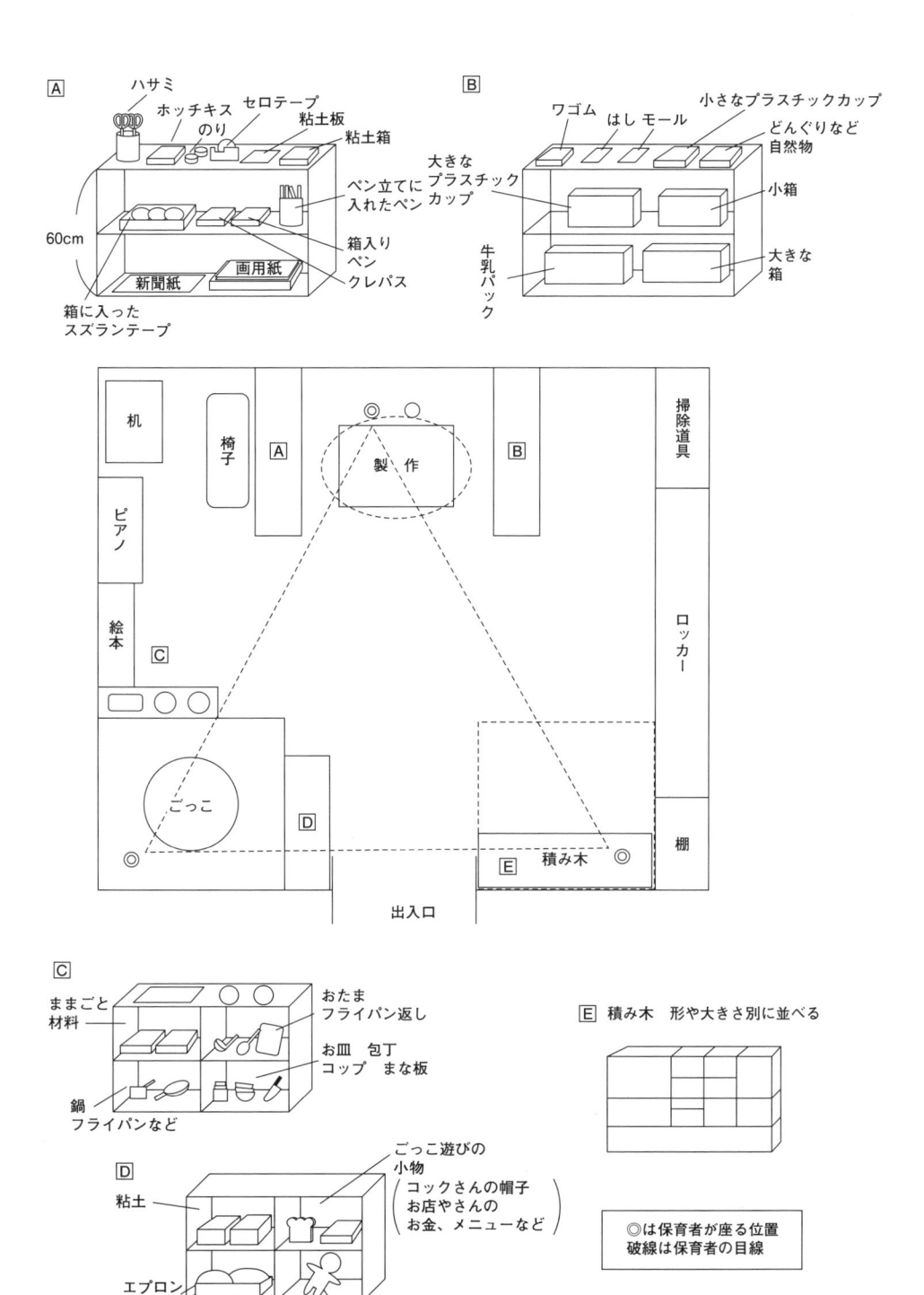

A　ハサミ　ホッチキス　セロテープ　小さなプラスチックカップ
　　　　　のり　　粘土板　　　　B　ワゴム　はし　モール　どんぐりなど
　　　　　　　　　粘土箱　　　　　　　　　　　　　　　　　自然物

ペン立てに入れたペン　　　　　大きなプラスチックカップ　　　小箱
60cm　　　　　　　　　　　　　牛乳パック　　　　　　　　　　大きな箱
新聞紙　画用紙　箱入りペン　クレパス
箱に入ったスズランテープ

［室内配置図：机、椅子、A、B、ピアノ、絵本、C、ごっこ、D、E 積み木、掃除道具、ロッカー、棚、出入口、製作］

C　ままごと材料　おたま　フライパン返し　お皿　包丁　コップ　まな板
　　鍋　フライパンなど

E　積み木　形や大きさ別に並べる

D　粘土　ごっこ遊びの小物（コックさんの帽子　お店やさんの　お金、メニューなど）
　　エプロン　スカート　人形

◎は保育者が座る位置
破線は保育者の目線

図4-1-8　環境図事例4

第4章　遊び保育を保障する幼児理解・環境構成・援助とは何か

2. 遊び保育を保障するための子ども理解と援助とは？

遊び保育論
第4章
8

(1) 遊び保育を保障する子ども理解

❶ "遊べている" ってどういう状況？

　モノ・人・場のかかわりあいから保育をみた時に、
「子どもたちが遊びに集中している」
「遊びこんでいる」
と判断することがあります。しかし、具体的にどこをみてそう思ったのかとたずねられると、
「活き活きとしているから…」
「目が輝いているから…」
と、これもまた具体的な遊び状況の事実が根拠となっていないことが少なくありません。

　"遊べている" とは、どういう状況を指すのでしょうか。事例をもとに考えてみましょう。

事例　ぼくは名コックさん！

《3歳児11月　ままごと》

　みどり組のままごとコーナーでは、3人の男児がエプロンと三角巾をつけて、キッチンで横に並んで、フライパンや鍋を持ち、おたまなどでごちそうをかきまぜたり、お皿に盛ったりしています。ごちそうをつくっているコックさんたちは、自分たちがつくっているごちそうを愛おしそうに見つめ、お皿にごちそうを盛る際も、ゆっくり丁寧に盛りつけ、ごちそうに見立てたトッピングの毛糸や色紙を（ここにこうやって飾るときれいかな〜）といわんばかりに盛りつけていきます。そのごちそうづくりは、子どもたちだけで20分以上続き、その間、それぞれのごちそうについて、「こうするともっとおいしそうなんじゃない？」「誰かに食べてもらいたいね」などの会話もありました。

この事例とイラストからわかることは、以下の4点です。

①遊びのシンボル（エプロン、鍋など）を身につけたり用いて遊ぶ

②手と目が協応している

③秩序感がある

④保育者がいなくても①〜③を維持しながら遊びが続いている

「料理をつくりたい」という気持ちで、コックさんに変身するために、そのシンボルとなるエプロン、三角巾をつけ、鍋にごちそうを入れ、おたまでかき混ぜている姿から、遊びの目的が明確であることがわかります。そして、コックさんがかかわっているモノ（鍋や鍋の中のごちそう）とそれを扱う手と目が協応していることから、「料理をつくること」への意欲や関心の高さがうかがえます。また、キッチンまわりやままごとコーナーの床には、モノは散乱しておらず秩序感があることから、ここにいる3人の男児のままごとコーナーに対する遊びのイメージが弱くはなく、この場を大切にしたいという思いが感じられます。最後に、保育者がいなくても遊びのイメージを持ちながら遊びが継続していることも重要なポイントでしょう。子どもたちの主体的な遊びといった場合、最終的には、保育者がいなくとも子どもだけで遊びが続く、発展することが目標だとするとこの事例は、おおむね"遊べている"といえるでしょう。

モノ・人・場のかかわりあいから考えると、この事例は子どもがモノ・人・場とかかわりながら遊んでいるといえます。このような"遊べている"状況であれば、保育者はそのようすを視野に入れつつ、あわてて介入しなくてもよいのです。つまり、"遊べている"か"遊べていない"かが見極められれば、援助の優先順位が考えられるのです。

第4章　遊び保育を保障する幼児理解・環境構成・援助とは何か

❷遊べていないってどういう状況？〜モノ・人・場のかかわりから〜

　それでは、"遊べていない"とはどのような状況を指すのでしょうか。こちらも事例をもとに考えてみましょう。

事例　ままごとコーナーで遊びたい気持ちはあるんだけど…

《3歳児2月　ままごと》

　あか組のままごとコーナーでは、3人の女児がお人形を抱っこしたり、お母さんと猫ちゃんなどになって会話をしています。ただ、3人とも周囲をきょろきょろ見ていたり、立ったり座ったりする姿が目立ちました。そこへ保育者が「おじゃましま〜す。お家で何をしてるんですか？」と入っていくと、女児たちは「赤ちゃん（人形）が病気だからお世話してるんです」「猫ちゃんを飼ってるの」などと話をしてくれました。保育者が赤ちゃんのごはんをつくると、それをまねてごはんをつくる女児がいたため、それを猫ちゃん役の子が見て「おいしそうだにゃ〜私も食べたいにゃ〜」という声も聞かれていました。しかし、他のコーナーでトラブルが起きたため、保育者がままごとコーナーから抜けると、さきほどと同じ状況に戻ってしまいました。

　この事例からわかることは以下の3点です。

①手と目が協応していない

②秩序感がない

③保育者がいなくなるとモノ・人・場とのかかわりが弱くなる

　ままごとコーナーにしばらくいる女児3人の姿から、このコーナーで遊びたい気持ちが少なからずあることはうかがえます。しかし、人形を赤ちゃんに見立ててはいるものの、頻繁に手を止め、周囲を見ている姿や、立ったり座ったりする姿から、遊びのイメージの弱さがその行動の要因であることが考えられます。また、モノが

床や座卓の上に散乱していることから、「このモノを使ってこんなふうに遊びたい」というイメージの弱さも推察されます。このような遊びのイメージの弱さが、先の事例との違いであり、モノ・人・場とのかかわりが弱く、子どもたちだけで遊びを継続できていない、つまり、比較的「遊べていない」といえるでしょう。

　それでは、さまざまな遊び状況を目の前にした時、保育者はどのような援助を行うと子どもの主体的な姿につながっていくのでしょうか。次項より考えていきましょう。

(2) 遊び保育を保障する援助

　第3章において、子どもの主体的な姿を保障するためには、保育者の身体的援助として「ノリ」を意識することの大切さに触れました。ここでは、その「ノリ」の状態に応じた援助について考えていきたいと思います。

❶「ノリ」がない時

　「ノリ」がないとはどのような時でしょうか。保育室内のコーナーで空き家になってしまっている場合、そこには楽しい遊びの「ノリ」はありません。もちろん援助の優先順位があるので、必ずしも「ノリ」がないコーナーにすぐにかかわれる場合ばかりではないでしょうが、かかわれるとしたら、遊びの仲間として、その場のモノとのかかわりのモデルを示すことが「ノリ」のない場に「ノリ」を生成するきっかけとなります。

　たとえば、ままごとコーナーで、ボールにホイップクリームに見立てた綿を泡だて器で泡立て、「おいしい生クリームができるかな〜シャカシャカシャカ…」とつぶやきながら大きくゆっくりとした動きで演じていると、そのようすを見ている子どもやそのつぶやきを聞いている子どもが必ずいます。そして、すぐではないかもしれませんが、（わあ！　楽しそう！　あんなふうにつくってみたいなあ）と子どもが思い、保育者と同じようにモノを使って見立てのフリをするようになったら、そこには「ノリ」が生成されたといえるでしょう。

第4章　遊び保育を保障する幼児理解・環境構成・援助とは何か

コラム
オノマトペ＋大きくゆっくり！

「おいしい生クリームができるかな〜シャカシャカシャカ…。」

ここに出てくる「シャカシャカシャカ…」はオノマトペです。オノマトペとは、擬音語や擬態語の総称です。ノリを生成する際、このオノマトペをリズミカルに使っている先生の「ノリ」は、とても魅力的で、子どもたちが先生の「ノリ」にノリやすいのです。

1〜2歳児クラスのままごとコーナーにあるお風呂で、担任のみか先生が「ゴシゴシゴシ…シャワシャワシャワ…あ〜気持ちいい〜」とオノマトペを使いながら、スポンジで身体や頭をゆっくりと大きな動きで洗うと、近くにいたともこちゃんがみか先生の隣に座って同じようにスポンジを手に身体を洗い出しました。これはまさに、「ノリ」がなかったところで保育者が「ノリ」を生成し、子どもが保育者の「ノリ」にノッた事例といえるでしょう。

（みか先生）ゴシゴシゴシ…
（ともこちゃん）ゴシゴシゴシ…

❷「ノリ」が弱い時

「ノリ」がない時と弱い時の違いはどこでしょうか。「ノリ」が弱い時とは、先の事例のように、その場にはいるけれども、モノとかかわる手と目の協応や人とかかわる同調性が弱く、周囲をキョロキョロ見ていたり、保育室内を浮遊している場合などが当てはまります。ままごとで遊びたいので、その場にはいるけれど、具体的にどのようなモノを使ってどう遊ぶと楽しいという遊びのイメージが弱いということです。

では、先の事例（本書p.62）のような状況の場合、どうしたらよいのでしょうか。

赤ちゃん（お人形）のお世話をする姿や猫ちゃんになっている姿はあるので、そこにある、弱いかもしれないけれど子どもたちの「ノリ」に保育者がノルのです。たとえば、「今、赤ちゃん（または猫ちゃん）と何してるの？」「どんなものがあるといいかな？」「私もつくってみようかな」などとモノとのかかわりを意図的にしかけていくことで、遊びに必要なものを考えてつくるという作業が増え、遊びへのイメージがより明確になることが期待できるのです。

ここでは、保育者が抜けた後もその保育者の「ノリ」をきっかけに子どもたちだけで遊びが続くことをイメージしながら、保育者自身がモノや場とかかわる姿を示すことが重要となります。ただ、それをどう演じたらよいかは難しいので、ロールプレイなどで保育者同士の気づき合い、学び合いが有効でしょう。

ワーク

ロールプレイをしてみよう！〜Part2〜

保育終了後、保育室内のそれぞれのコーナーに園内の先生方がそのクラスの子どもになりきって入り、その場にあるモノを使って、遊んでみましょう。「園内研修」と、全員の先生がそろわなくとも、時間の都合がつく時に、同じ学年の先生と実際に自身の保育室のコーナーに入って遊んでみると新たな発見があるかもしれませんよ。

コラム
遊んでみて気づいた!!

　3歳児のクラス担任ひろこ先生は、自身のクラスの子どもたちがなかなかままごとで遊ばないこと、遊んでも続かないことに悩んでいました。その悩みを受け、園内の先生方でひろこ先生の保育室の3つのコーナーで遊んでみることになりました。ひろこ先生は一番悩んでいるままごとコーナー入りました。

　すると、ひろこ先生からこんなコメントが聞かれました。
　「一生懸命、3歳児が楽しめそうなままごとのごちそうや道具を揃えたつもりだったのに、ごちそうをかきまぜるおたまがなかったから子どもたちが遊びの中でトングを使ってごちそうをまぜていたんだと気づきました。あと、フェルトでお肉や野菜をつくったものしかなかったので、他のごちそうをつくりたい時にどうしたらよいかわからなかったので、いろいろなものに見立てられる綿のひもや毛糸のポンポンなどを足していきたいです。」

　他の先生からもひろこ先生の保育室の素敵なところに対するコメントともっとこうするといいかもというアドバイスがあり、ひろこ先生にとって具体的な学びとなったようです。

　環境を一生懸命整えても、意外とその場で保育者が遊びの仲間として子どもたちと同じようにその場にあるものを使って遊ぶということが少ないのかもしれませんね。ロールプレイは、その点も気づかせてくれるきっかけになるでしょう。

　　　　　　　　　　　おたまがあるといいなぁ

❸子ども同士の間に「ノリ」がある時

　クラス内のコーナーのどこを見ても、それぞれのコーナーやコーナー同士でモノ・人・場のかかわりあいがあり、保育者が率先して「ノリ」を生成しなくてもよい場合を指します。まさに、これが保育の最終目標といえるでしょう。保育者がいなくとも、子ども同士で遊びが続き、発展しているということです。

　このような判断をした場合、完全に子どもたちの遊び状況を「見守る」という保

育者もいるでしょう。しかし、繰り返し述べているように、保育者が遊びの仲間としてかかわるという前提を大切にするなら、全体にまなざしを送りつつも、子どもと同じモノを使い、子どもの「ノリ」にノリながら遊びの場を共にすることも、子どもの遊びを理解する上で、重要な援助といえるでしょう。

CHECK!
あなたの遊びってステキ！を伝えるメッセージとは

　0・1歳児クラスでは、思わぬところで子どもたちが怪我をすることもあり、幼児以上に保育者は安全確保に対する意識が働いていますよね。しかし、常に「危険がないか見守っている大人」は、子どもたちにとって魅力的でしょうか？この点は乳児も幼児も同様に、「かかわりながら見る」ことが大切です。子どもが遊べていても、保育者は遊びの仲間の一人として、同じモノを使い、子どもの「ノリ」にノルのです。たとえば、積み木を積んで楽しんでいる1歳児がいたら、その隣に座り、同じように同じリズムで積み木を積んでみてください。その行為は、「わ～じょうず！」「かっこいい！」といった言葉よりもずっと（あなたの遊びって魅力的！）というメッセージを子どもに伝えることでしょう。これは、年齢を問わず共通しています。ご自身のクラスの遊びと照らし合わせて、あなたの遊びってステキ！というメッセージを言葉ではなく、動きで示してみてくださいね。

第 4 章　遊び保育を保障する幼児理解・環境構成・援助とは何か

> **事例**　遊んでいる途中にトラブル！
> 自立的な遊びを支える援助って？

　1・2歳児混合14名のクラス2月。保育者3名。保育室内には、製作コーナー（シール貼り、お絵かきなど）・構成コーナー（積み木、モノレールなど）、ままごとコーナーがあり、おおよそ3つのコーナーで子どもたちは群れて遊んでいる。保育者は、それぞれのコーナーに壁に背を向け座って子どもたちと同じモノを使いながら遊んでいる。保育者は、各コーナーで遊びながらも、時々全体にまなざしを送っている（図4-2-1参照）。

　そのような中、構成コーナーで積み木を道に見立て並べて遊んでいたゆきちゃんの積み木をたくやくんが取ってしまい、ゆきちゃんは泣いて一緒に遊んでいた愛子先生のひざに入った。愛子先生がしばらくゆきちゃんの背中をさすったり、やさしくトントンとしていると、ゆきちゃんは落ち着いてきて、構成コーナーの他の子の遊びを見るようになった。そこで、愛子先生は、「今度はどんな道路にしようかな〜」と積み木を並べ、車を走らせはじめた。そのようすを見ていたゆきちゃんは、自ら愛子先生のひざを降り、自分も車を走らせはじめた。

　この事例のエピソードとp.69の環境図（図4-2-1）からわかることを整理してみましょう。
①見る⇄見られるが保障されている
②拠点性がある
③保育者が3名で全員の子どもを見ようとしている

④保育者が遊びの仲間としてモノ・人・場にかかわっている

　まず、環境図（図4-2-1）を見てみましょう。3つのコーナーがトライアングル型に位置していること、保育室中央に高い棚などを置いていないことから、どのコーナーからも他のコーナーを視野に入れることができます。保育者が壁に背を向けて位置取りをすれば、全体把握ができるだけでなく、離れたコーナーの子どもが離れたコーナーにいる保育者にまなざしを送っている場合、その状況をキャッチできることにもつながります。つまり、保育者にとっても子どもにとっても、見る⇄見られるが保障されているといえます。

　また、その3つの場の拠点が明確だということがわかります。製作の机・棚、構成のじゅうたん、ままごとのじゅうたんとキッチン・座卓によって、おおよそここでどんなことができるのかが遠くから見てもわかるということです。このことは、子どもが主体的に遊ぶ場やモノを選ぶ上で重要な要素です。

　最後に、構成コーナーでのトラブルが起きた場合、泣いてしまった子どもの気持ちを切り替えるために、保育者が泣いてしまった子どもを盛り上がっている他の遊びに連れていったり、いつまでも保育者がひざに入れているということは少なくありません。しかし、子どもの主体的な遊びとか自立的な遊びということを考えた場合、この事例の愛子先生の援助は、大変素晴らしいといえます。なぜなら、気持ちが落ち着いたゆきちゃんに遊びを強要するのではなく、自身で思わず遊びたくなるよう、愛子先生は遊びの仲間としてのモデルを示したからです。

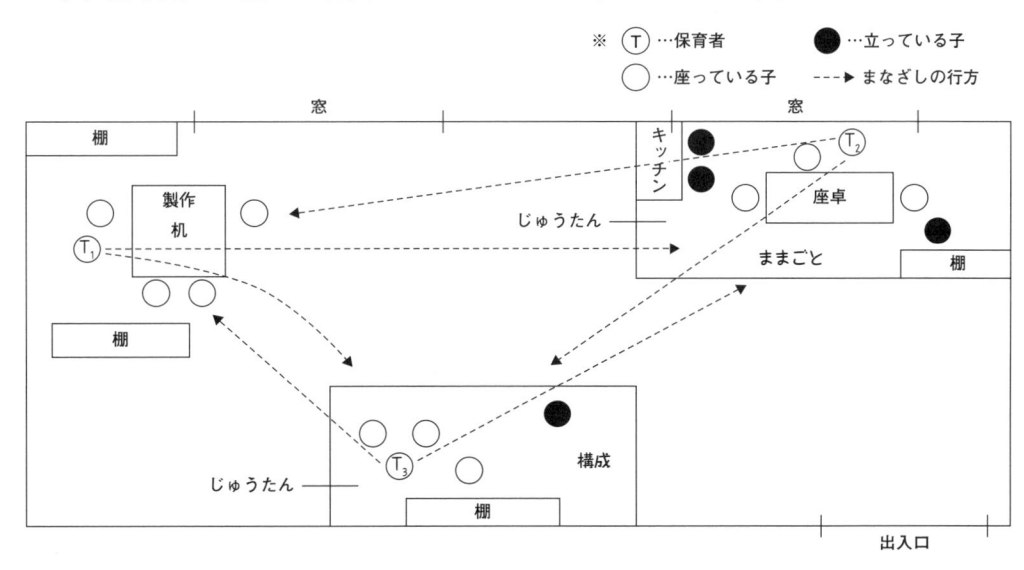

図4-2-1　環境図

Lesson 2

第5章 遊びの具体的展開

1. 室内遊びにおける遊び保育の実践

　本章では、具体的な遊びや子どもの姿をおさえながら、「遊び保育論」に従って、子どもの主体的な姿を保障していくための環境と援助について考えていきます。

　ここでは、本書p.71の保育環境図（図5-1-1）と下記の事例をもとにモノ・人・場のかかわりのようすを読み取っていきましょう。遊び保育を読み取るヒントが具体的に見えてくると思います。是非、ご自身の保育と重ねてみてください。

事例　4歳児はな組の保育状況の概要

　4歳児はな組20名11月。配慮を要する子どもがいるため、加配保育者が1名いる。保育室内には、製作コーナー、ままごとコーナー、構成コーナーがあり、担任保育者は製作コーナーで子どもたちと一緒に構成の大型積み木でつくった道路を走らせる車を空き箱などでつくっている。加配保育者は、自身が担当となっているA子がいるままごとコーナーで、A子の隣に座り、A子のようすを見ている。

　3つのコーナーでは、それぞれ子どもたちがおおよそ群れてはいるものの、保育室中央の2名はおしゃべりをしながらいろいろなコーナーをのぞいて回っている。

(1) なぜ製作コーナーがベースキャンプ？

遊び保育論 第3章5 第4章2

　「遊び保育論」の著者、小川博久氏は、「製作コーナーはベースキャンプである」と述べています。原則として、保育者の室内遊びにおける援助は製作コーナーからはじまり、製作コーナーに戻るということです。それはなぜでしょうか。

　まず、製作コーナーでは、紙や粘土などを使って、遊びに必要なモノをつくるという作業がメインです。したがって、子ども同士のイメージの共有を楽しんで会話

をするということが、ままごとや積み木と比べれば、製作では比較的少ないといえます。つまり、モノとのかかわりを意図的に示しやすく、また、"個人の作業"として成立しやすいのです。

　なぜそういった製作コーナーの性格が、ベースキャンプにつながるのでしょうか。それは、これまで繰り返し述べてきたように、保育者が「かかわりながら見る」ことによって、子どもたちの遊びのモデルを示しながらも、同時に全体状況の把握を可能にするからです。もしも、ままごとコーナーで子どもたちとの会話が中心になった場合、「かかわりながら見る」ことは、大変難しいでしょう。はな組の担任の先生も、製作コーナーで車づくりをしつつ、全体にまなざしを送ることができるのは、壁に背を向けて座り、モノとかかわっていることが中心だからだといえるでしょう。また、どのコーナーにかかわってよいかわからない場合やどのコーナーもおおよそ遊びが安定的に展開されている場合なども製作コーナーで保育者が遊びの仲間としてかかわることがよいといえます。それはやはり、モノとかかわることがメインの場であるため、全体状況を把握しながら「どこにかかわるとよいかな…」という戦略を練るのに適しているためです。

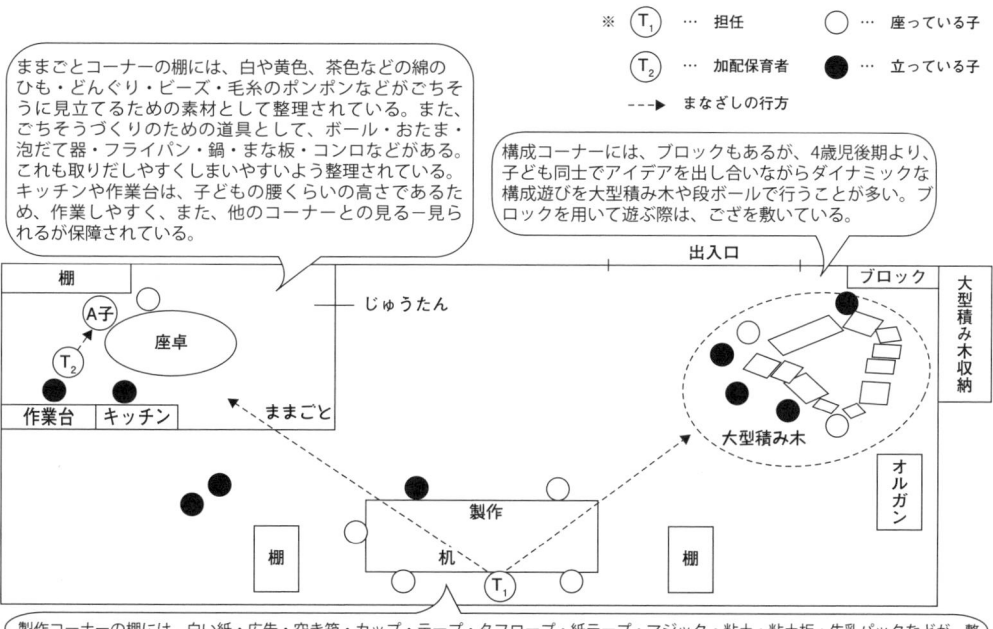

図5-1-1　環境図

第5章　遊びの具体的展開

> ## コラム
> ### はっ！と気づいたら…
>
> 　4歳児担任の2年目かよ先生は、自分が遊びの全体状況を見えていないことに悩んでいました。いろいろなところが気になってすぐに転々と動き回ってしまう…と。すると、園内研究で先輩保育者より、「製作コーナーで遊びに必要なものを一生懸命つくってごらん。他のコーナーが気になるかもしれないけど、よっぽどのことがない限り、"私はこれがつくりたいからここでつくる"って腹をくくって。」とアドバイスをもらいました。かよ先生は、そのアドバイスのように、製作コーナーでお店屋さんごっこに必要なメニュー表を一生懸命つくってみました。すると、つくることが楽しくなって、思わず没頭してしまいました。はっと気がついて顔をあげると、一緒に製作コーナーで遊んでいる子どもたちは、はっと顔をあげ、周囲をきょろきょろ見ているかよ先生のようなど気にせずに、お店屋さんで売るごちそうをつくっていました。そして、かよ先生は、メニュー表をつくる手を止め、他のコーナーのようすを見た時、（こんなに落ち着いて他のコーナーのようすが見えたのははじめて！）と感動したそうです。

(2) 製作コーナーのモノ・人・場と遊び

　製作コーナーでの担任保育者の援助の悩みとして、「5歳児なのに、素材を豊富に揃え、整理整頓もしているのに、子どもだけで遊びが続かない…」というような内容を耳にします。なぜ環境を丁寧に設定しているのに、子どもだけで遊びが続かないのでしょうか。

　それは、1章でも述べたように、遊びのモデル性が地域や家庭において乏しくなっている現在、モノだけを豊富に整えても、そのモノを使ってどのように遊ぶと楽しいかというモデルを保育者が示す必要があるからです。また、素材の種類も量も豊かにありすぎることが、実は子どもの遊びを豊かにはしないこともあります。特に手先が器用になり、さまざまなアイデアが出てくる可能性のある4・5歳児で、「車がつくりたい」と思った時に、ただそこにある素材をテープでつなぎあわせるだけで作業が終わってしまったら、そこには子どもの創意工夫は少なく、遊びへの

思い入れは弱まってしまうからです。

　また、遊びに必要なモノの置き方や置く場所も重要です。教材・教具の棚が作業をする場から遠く動線が複雑だったり、必要なモノがあるたびに保育者に「先生〜使いたい」「先生、取って」と依存しなくてはならないと、「主体的にモノとかかわる」ことはできません。はな組の製作コーナーのように、作業をする机を囲うように棚があり、そこに教材・教具が整理されていることにより、子どもが自分で好きな時に好きなモノとシンプルな動線の中でかかわれることを保障しているといえるでしょう。

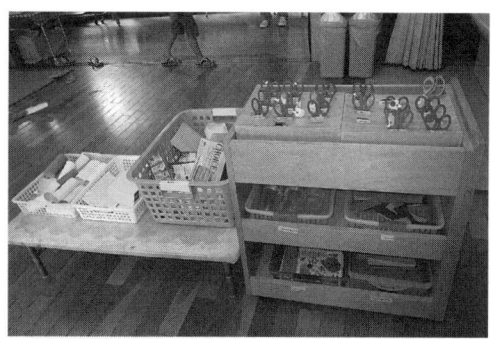

図5-1-2　製作コーナー棚

　最後に、拠点性について見ていくと、机を囲う形で棚があること、ちょうど均等に子どもが分散した場合にちょうどよいスペースであることが、この製作コーナーの拠点性を高めています。はな組は20名が在籍しているため、クラス内の3つのコーナーに子どもたちが均等に分散すれば、1つのコーナーにはおおよそ7人前後が群れるはずです。もちろん、さまざまな遊びの盛り上がりの状態があるため、常にこの均等な分散の状態であるはずはありません。しかし、それぞれのコーナーの魅力が均等であれば、継続的に空き家や密集したコーナーはできないはずです。あるとすれば、その偏りの状況を把握するためにも、朝の保育スタート時には、基本の

第5章　遊びの具体的展開

コーナーのスペースを設定しておくことをおすすめします。そして、あまり子どもたちが群れないとか空き家のコーナーがあったら、そこで保育者が積極的にモノや場にかかわり、遊びのモデルを示していく必要があるのです。

コラム
他のコーナーの遊びを刺激し、発展させる製作コーナー?!

遊びが子どもたちだけで継続発展するための大切な要素として、遊びに必要なモノを自分たちで試行錯誤しながらつくるという工程があります。つまり、製作コーナーはそのきっかけをつくり得る重要な場なのです。しかし、子どもたちから「製作コーナーで車をつくって、構成コーナーにその車を持って行き、大型積み木でつくった道路で走らせよう」という発想が自然発生的に出てくることは困難です。ここにも保育者のモデル性が必要なのです。

保育者が「かっこいい車をつくって、あの道路で走らせたいな〜どんな車がいいかな〜」とぶつぶつとひとり言をいいながら製作コーナーで車をつくり、そのつくった車を構成コーナーに持って行く姿を周囲の子どもたちが見ることによって、(そうか!あんなこともできるんだ!楽しそう!!)と、学習していくのです。この際、保育者は自分のつぶやきを(子どもたちが聞いているぞ)と意識しながらつぶやき、自分が車をつくり、構成コーナーへ移動する姿を(子どもたちが見ているぞ)と意識しながら演じることで、演出家兼演じ手という役割を果たしているのです。

「道路で走らせたいな〜」

(3) ままごとコーナーのモノ・人・場と遊び

　ままごとコーナーは、生活を再現する場なので、子どもたちにとって身近であるといえます。しかし、最近、少なからず見られる姿として、仲良しの数人がままごとコーナーにはいるけれど、何をするわけでもなく井戸端会議的な感じでただおしゃべりをしては、時々他のコーナーをキョロキョロと眺めているという姿です。これは何を物語っているのでしょうか。

　ままごとコーナーの面白みは、フリ見立てです。お母さんのようにエプロンをし、お鍋でごちそうをかき混ぜたり、お皿に盛るフリをする…それを子ども役の子が食べるフリをする…。楽しいフリがたくさんあればあるほど、遊びが楽しくなるのです。つまり、楽しいフリがたくさん出る素材や道具が必要なのです。

図5-1-3　ままごとコーナー棚の素材・道具（本書p.71図5-1-1の環境図に示したもの）

第5章　遊びの具体的展開

　しかし、これらのような魅力的な素材や道具があっても、それをどう使うと楽しいのかというモデルがないと遊びは続きません。このことは、どのコーナーにも共通していますが、このままごとコーナーは特にそのモデル性を大人が発揮することが難しいのです。なぜなら、もともと人間関係を楽しみ、自ずと会話もはずむ場であるため、どうしてもままごとコーナーへの保育者のかかわりは「言葉」が先行しがちだからです。「言葉」でのやりとりだけでは、保育者が抜けた後、子どもたちは保育者との楽しいやりとりがなくなってしまったことにより、遊びそのものの魅力も減退してしまうことが少なくないのです。いろいろなごちそうに変身する素材を大きくゆっくりとした動きでごちそうにしていきましょう。大きくゆっくりとした動きはそのフリの魅力をじわじわとまわりの子どもたちに伝播させます。

ワーク
ままごとで遊んでみよう！

　ままごとコーナーのごちそうに見立てた素材や道具を使い、クラスの子どもたちが思わず「あんなふうに私もごちそうつくってみたい！」と思うようなフリを実際に実践してみましょう。その際、役になりきるシンボル（エプロン、ドレスなど）も必ず身につけてください。

　また、ここに挙げた素材や道具以外にも、子どものフリを刺激するモノがあったら園内の先生同士で出し合ってみましょう。

シンボル（エプロン・スカートなど）　　　ごちそうに見立てた素材・道具

図5-1-4　ままごとの素材・道具例

> ワーク

ままごとから発展！お店屋さんごっこ
～どこに場をつくるとよい??～

　ままごとコーナーでごちそうをつくっていたら、ごちそうづくりが楽しくなり、そのごちそうをお店屋さんで売りたい！という発展はよく見られます。その際、そのお店屋さんをどこに設定するとよいでしょうか。

　はじめは、ままごとコーナーや製作コーナーでごちそうをつくり、それを売るためのコーナーとして机を一つ保育室内の空いている場に設定することになると思います。しかし、盛り上がってきて、お店屋さん用のごちそうづくりスペースやイートインコーナーなども設定していくとなると、しっかりと新たなコーナーとして設けることとなるでしょう。

Hint

▶「見る⇄見られる」環境をできる限り保障することと、基本の3つの拠点の場所を移動させないことに注意しましょう。空いているからといって保育室中央にお店屋さんを出してしまうと「見る⇄見られる」関係性は遮断されてしまいます。また、お店屋さんのために、製作やままごと、構成コーナーの場を移動させてしまうと「あそこでこんなことができる」という場へのイメージが弱くなってしま

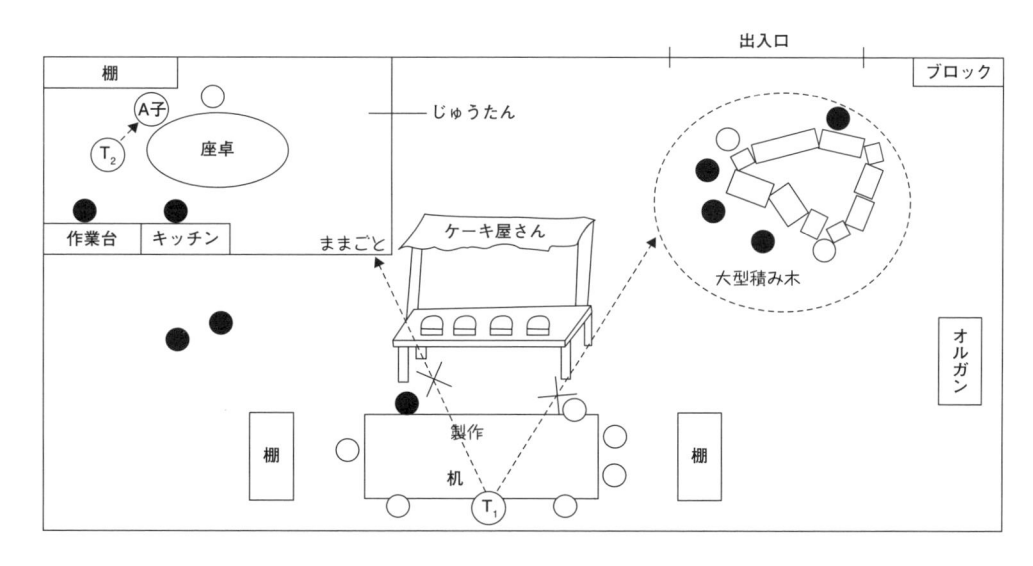

図5-1-5　お店屋さんで「見る⇄見られる」関係性が遮断された例

第5章　遊びの具体的展開

います。お店屋さんは時期がきたら、撤去してよい場ですが、3つのコーナーは通年同じ場で展開されることにより、より安定的にモノ・人・場がつながっていきます。

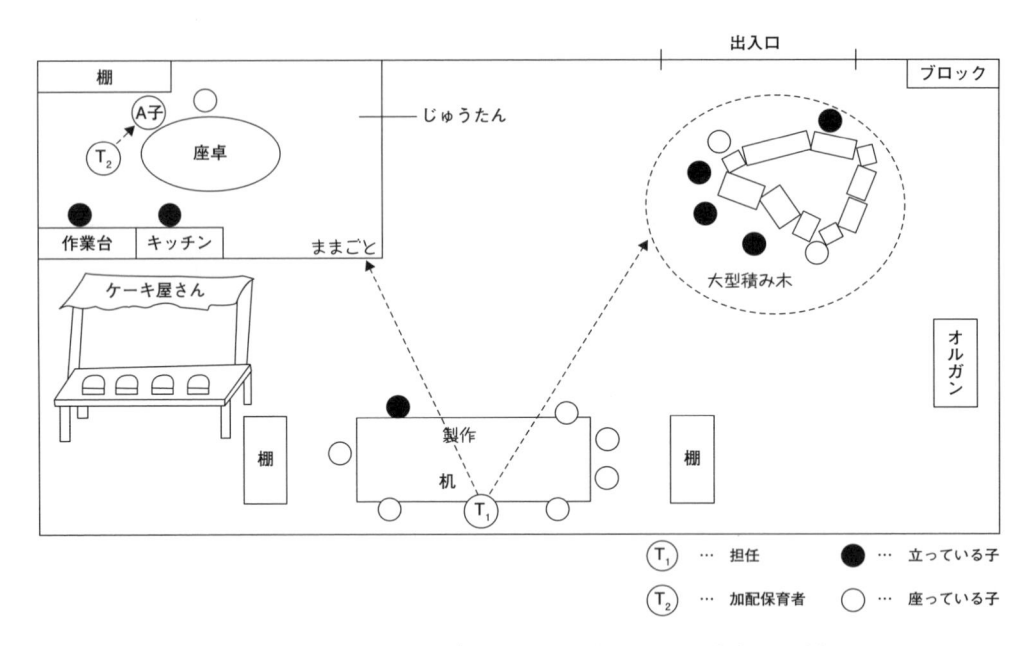

図5-1-6　製作とままごとの間にお店屋さんを設定した例

(4)積み木コーナーのモノ・人・場と遊び

遊び保育論 第4章4

　積み木は、場の見立てを楽しむコーナーです。積み木を並べて、本書p.70のはな組の事例のように道路をつくることもあれば、基地や船をつくることもあるでしょう。家やお店の構えを積み木でつくれば、そのままお家ごっこ、お店屋さんごっこにも発展します。しかし、ままごとと異なり、場を構成するモノが積み木だけなので、子どもだけでイメージを共有して遊びが継続することは難しいのです。そんな時、ままごとでも登場したシンボルが活躍します。海賊船であれば、海賊の大きな旗、バスであればハンドルなどです。つまり、シンボルをしかけていくことで、製作コーナーとのつながりも生まれ、構成の場の子ども同士のイメージも強くなり、モノ・人・場がつながりやすくなるのです。

ワーク

大型積み木で遊んでみよう！
シンボルを考えよう！

　大型積み木でどんな場の構成が楽しめるか、どんなシンボルがしかけられるかを具体的に挙げてみましょう。その上で、各クラスの積み木を使って、実際に遊んでみましょう。

(5) ブロックコーナーのモノ・人・場と遊び

遊び保育論 第4章 5

　ブロック遊びは、家庭においても身近な遊びであるため、設定しておくと子どもたち、特に男児が遊ぶ確率の高いコーナーです。しかし、それが本当に主体的で意欲的な遊びになっているのか、何を楽しんでいるのかを探る必要があります。なぜなら、製作コーナーでのお絵かきやぬり絵と同じく、「魅力的な遊びが他にないから仕方なく遊んでいる」可能性も否定できないからです。

　では、どのようにしてブロックコーナーの遊びを読み取るとよいのでしょうか。それは、子どもたちと同じモノを持ち、同じように遊ぶのです。これまでも繰り返し述べてきたように、子どもたちの「ノリ」にノルということです。そうすることで、子どもたちがイメージを持って遊んでいるのか、イメージは弱いけれどこの場で遊びたい気持ちはあるのかなどが見えてくるはずです。

第5章　遊びの具体的展開

> **事例　なぜかブロックコーナーが落ち着かない…**

　3歳児きいろ組の担任ようこ先生は、ブロックが保育室内に転々と落ちていること、なんだかブロックで遊ぶ子どもたちが落ち着かないことに悩んでいました。筆者が園内研究の講師としてお邪魔した際、保育室を見ると、ブロックコーナーには敷物が敷いてありませんでした。そこで、「ござかじゅうたんがあれば敷いてみましょう。」と提案をし、さっと敷いてもらいました。すると5分もたたないうちに、ブロックを持って浮遊していた子どもがござに集まり、座って落ち着いてそれぞれのイメージでブロック遊びをはじめたのです。

　ようこ先生は、この子どもたちの姿を目の当たりにし、「ござ一つでこんなに落ち着けるんですね。」と驚いていました。場の拠点性がござというモノによって他の場と区別された効果でしょう。また、その拠点の中で、同じモノを持って同じように動くというノリが合ってくることも場の拠点を高めていくのです。

(6) 特別な配慮を要する子への援助って特別？

　はな組の環境図や保育状況の概要（本書p.70〜71）を見てみると、ままごとコーナーにいるA子ちゃんが特別な配慮を要する子どもであり、A子ちゃんの援助を中心的に行うために、加配保育者が隣に座っていることがわかります。この加配保育者のかかわりはある意味よく見られるといっても過言ではありません。加配保育者の感覚の中に、「私はA子ちゃんを見る役割」という意識のみが強いと、このような位置取りやかかわりになってしまうことがあるということです。しかし、乳児の複数担任と同様、加配保育者も子どもたちにとっては、この保育室の環境を成立させる人的環境の一人であるということを忘れてはいけません。

　加配保育者も全体状況を把握しつつ、その上で、特に自身が意識して視野に入れ援助の戦略について重きを置いて考える対象がA子ちゃんという思考を働かせたら、どのような位置取りや援助が望ましいのでしょうか。

　まず、位置取りはこれまで繰り返して述べてきたように、壁に背を向け全体状況が把握できるポジションです。そして、A子ちゃんとのかかわりは、遊びの仲間としてかかわるとするならば、単に「見守る」のではなく、「ノリ」が共有できる、またはA子ちゃんの「ノリ」にノルことのできる身体的援助が重要となります。A子ちゃんがモノとのかかわりをしているのであれば、同じモノを加配保育者も手に取り、同じようなリズムで同じ動きをすることがA子ちゃんの「ノリ」にノルことになります。もしもA子ちゃんがモノや場とのかかわりをしておらず、そこに「ノリ」がない場合には、「ノリ」が共有しやすいしかけをしていくとよいでしょう。たとえば、粘土などを用いてゆっくり大きな動きで、粘土をこねる、伸ばすなどのモデルを加配保育者が示すとその保育者の「ノリ」にA子ちゃんがノってくるかもしれません。この援助の見通しや過程は、特別な配慮を要する子に限ったものではなく、遊び保育の原則として共通しているものです。

第5章　遊びの具体的展開

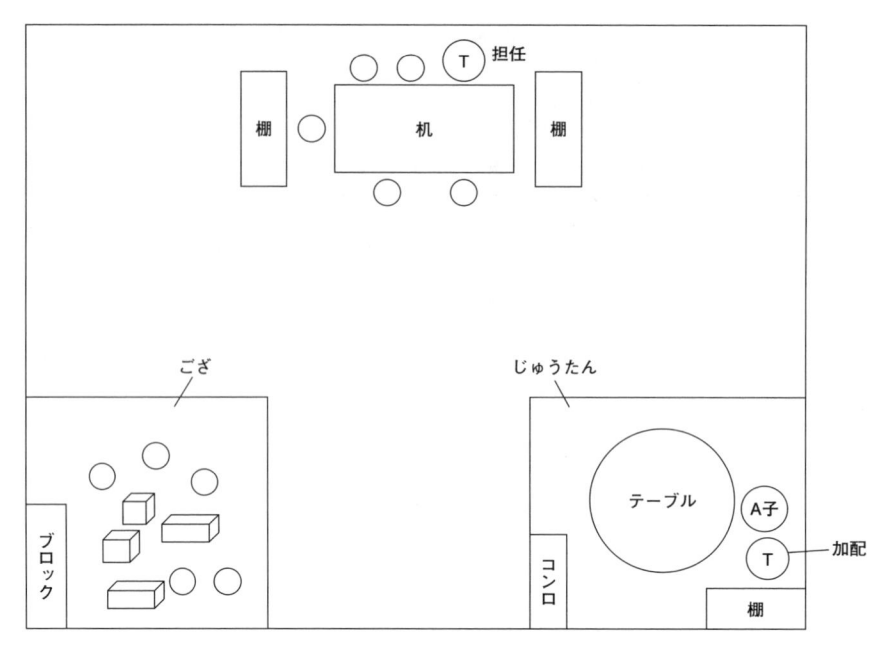

図5-1-7　加配保育者の位置取りの例

これらのことを筆者が過去に出あった事例から考えていきましょう。

事例　加配保育者も集団保育を成立させる重要な人的環境！

5歳児そら組には、自閉症の女子B子ちゃんが在籍しています。そら組は、担任のももか先生と、B子ちゃんの加配保育者としてれいこ先生が複数担任として配置されています。

ももか先生は、ままごとコーナーで子どもたちと一緒にごちそうをつくっています。れいこ先生は製作コーナーで壁に背を向けB子ちゃんの隣に座り、粘土をうれしそうに大きくゆっくりとした動きでこねながらも、時々さりげなく他のコーナーに視線を送っていました。B子ちゃんはれいこ先生の隣で少しずつ粘土をこね、「ノリ」が共有されていきました。

この事例からわかることは、特別な配慮を要する子どものための加配保育者の役割も、クラス全体の状況を把握し、援助の戦略を考える担任保育者の役割と、基本的には変わりないということです。障害の有無にかかわらず、子どもの主体的な姿、自立的な遊びを保障するための環境と援助の基本は、常に同じであるということです。

> ●関連●
> ・特別支援については、以下で触れられています。
> 幼稚園教育要領　第1章　第5の1、第6の3
> 保育所保育指針　第1章　3　(2)　キ

(7) 片付けは大切な活動

　実習へ行った学生が、実習を通して学んだことの中に片づけのさせ方を挙げることがあります。たとえば、
「10数えるうちに片づけるよ〜ヨーイドン！」
「誰が一番早く片づけられるかな〜」
といった言葉がけです。この言葉がけによって、子どもたちが片づけをしたとしても、保育者の言葉がけがなくては、この片づけという行為は成立しないのです。これは、遊びの中で、保育者が言葉がけによる援助ばかりに頼ることによって、保育者が抜けた後には遊びが停滞または消滅してしまうという現象と同じなのです。
　それでは、片づけが子どもたちに意味を持つにはどうしたらよいのでしょうか。それは、これまでも何度となく登場してきた「ノリ」に注目するということです。事例を通して考えてみましょう。

第5章　遊びの具体的展開

事例　よいしょ！　よいしょ！　はいどうぞ!!

　3歳児うみ組では、担任のたつや先生が片付けの時間になると、大型積み木のコーナーへ行き、
「さあ、そろそろ給食だからお片付けしようかな。よいしょ。よいしょ…」
とゆっくり大きな動きで、積み木を片づけはじめました。すると、それを見ていたよしお君が、たつや先生と同じような動きで積み木を片づけはじめたのです。それを見たたつや先生は、
「お！　よしおくん、はいどうぞ。はいどうぞ。」
と、ゆっくり、しかしリズミカルに大型積み木をよしおくんに渡し、二人で片づけをしていました。そのようすを見ていた他のコーナーの子どもたちは自分のコーナーを少しずつ片づけたり、大型積み木をたつや先生やよしお君たちと一緒に片づけたりしていったのです。

よいしょ！よいしょ！
はいどうぞ!!

この事例からわかることは、片づけにおいても「ノリ」は生成でき、よしお君のようにたつや先生の「ノリ」にノルことによって、その「ノリ」が他児にも伝播していくということです。この「ノリ」が定着してくれば、保育者がゲーム的に誘いかけたり強要的な言葉がけをしなくとも、子どもたちは片づけを自分たちでしていきます。

　筆者は、この事例のように、3歳児で継続的に「ノリ」を大切にしながら片づけをしていたクラスが、後期には、保育者が「そろそろお片付けだね」と片づけをはじめただけで、子ども同士で同調しながら片づけをしていく場面に出あったことがあります。片づけで同調性の高いクラスは、自由遊びやお集まりでも同調性が高く、「ノリ」を共有している場面がたくさんあることも重要な点であるといえるでしょう。

2. 一斉活動でも共通する モノ・人・場のかかわりあい

　これまでは、保育室内での自由遊び場面を中心に考えてきました。では、園行事など、たくさんの子どもたちが集まり、一斉に行う行事と、これまで見てきた自由遊び場面とは、モノ・人・場のかかわりあいにおいて全く共通点がないのでしょうか。

　このことについて、鏡開きの事例をもとに、考えてみましょう。

事例　鏡開きでの「ノリ」の共有

　全園児で100名ほどの保育園。今日は鏡開き。舞台側に長机が設定され、その上に鏡餅、木槌が置かれている。3〜5歳児はござの上に年齢ごとに座っている。しかし、緊張のせいか3歳児は4・5歳児のかたまりから少し離れて座る。身体もこわばっており、体操座りをしているが肩に力が入っているのが遠目から見てもうかがえる。5歳児が代表で、一人ずつ木槌で鏡餅をたたいて鏡開きをすることが行事担当のいくお先生から伝えられる。いくお先生より、「年長さんだけでなく、みんなのパワーもくれるときっとおモチが割れるから、パワーをくださいね!」という投げかけがあり、年長さんが一人ずつ木槌を鏡餅に振り下ろすたびに
「せ〜の、よいしょ〜」
という掛け声をいくお先生がかけていた。
　全園児で
「よいしょ〜」
と掛け声をかけるたびに、3歳児の身体が舞台側に前傾姿勢になっていった。

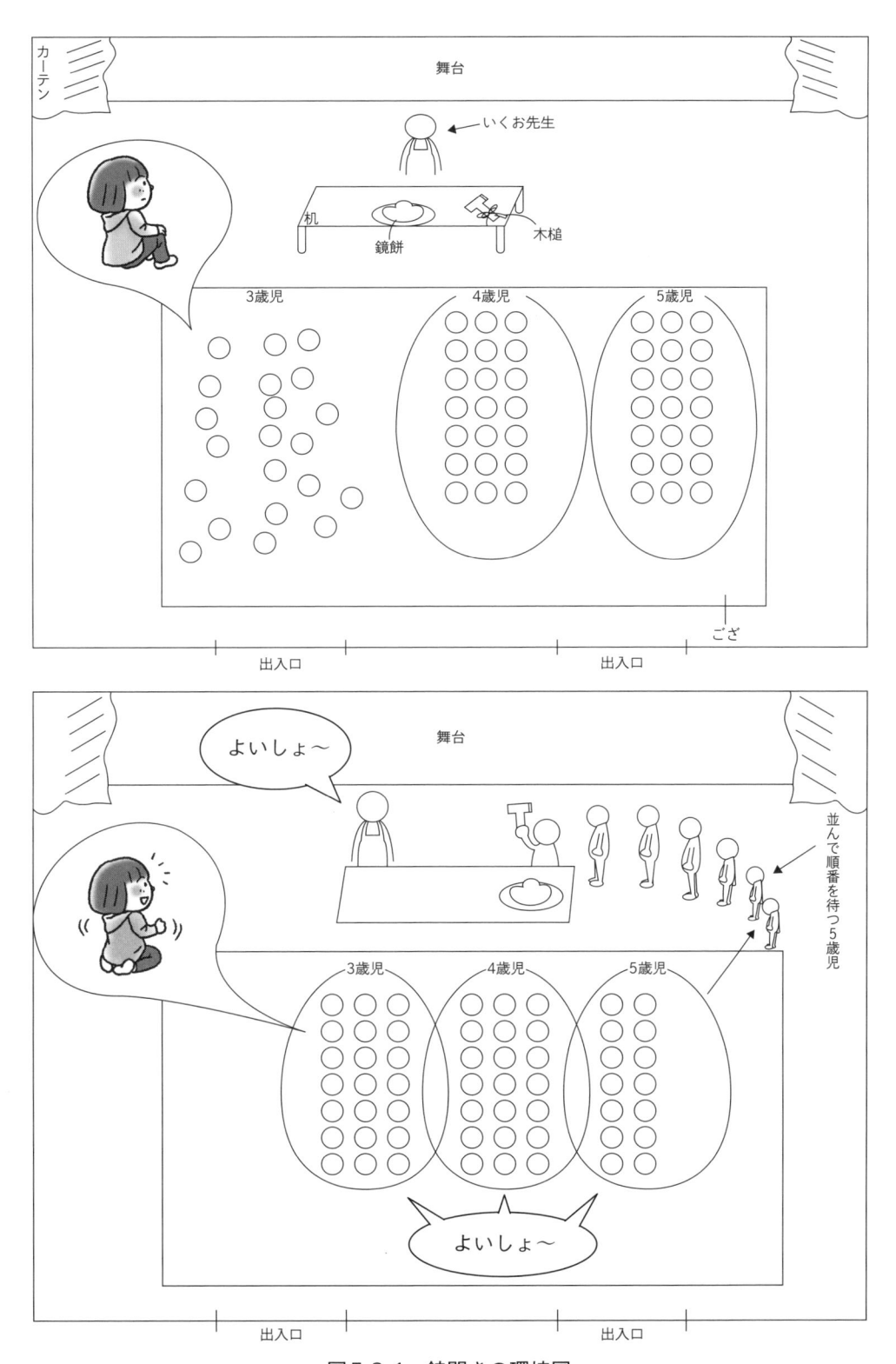

図5-2-1 鏡開きの環境図

第5章　遊びの具体的展開

　この事例からわかることは、まず、3歳児が場に慣れず、緊張しているため、はじめのうちは同調性が低く、「ノリ」が共有できていないことがわかります。しかし、いくお先生の「せ～の、よいしょ～」という掛け声に同調し、「よいしょ～」と全園児が声を合わせることにより、同調性が高まり、「ノリ」が共有されていくようすが伺えます。この同調性の高まりは、応答的な環境構成も影響しています。それは、木槌というモノを扱う年長児や掛け声をかけるいくお先生とそれを見ている3・4歳児の「見る⇄見られる」関係が保障されているということです。これらの環境と援助により、3歳児の身体が前傾していくようすや、かたまりの凝集性の高まりにつながっていったと推察できるのです。
　つまり、行事といった全園児対象の保育であっても、保育者の環境と援助の工夫により、「見る⇄見られる」「ノリ」の共有が可能であるということです。

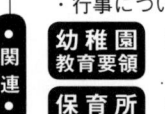

> ・行事については、以下で触れられています。
>
> **幼稚園教育要領**　第1章　第4の3　指導計画の作成上の留意事項　（5）
>
> **保育所保育指針**　第2章　2　(2)　ウ（ウ）③、3　(2)　ウ（ウ）④

Lesson 3

遊び保育実践のための指導案や記録を考えよう

　遊び保育を豊かにするための指導案や記録の書き方とは、どのようなものでしょうか。
　環境図をしっかり取り入れた指導案、記録の書き方について、具体例をもとに、ポイントをおさえていきましょう！

Lesson 3

第6章 遊び保育を実践するための週案・日案とは

1. 遊び保育に必要な週案・日案の要件

　第2章でも述べたように、集団保育における遊びは、モノ・人・場のかかわりあいによって成立しています。自由遊びの場合であれば、同時に複数の遊びが展開するため、保育者はそれぞれの遊びの全体状況を把握した上で、環境の再構成や援助の優先順位を考えなくてはなりません。そのデザインマップが指導計画になるのです。保育は必ずしも計画通りには展開しませんが、現在の遊び状況を踏まえた上で、どのような環境・援助をしかけるとより遊びが充実・発展するのかという見通しを具体的に持つことによって、具体的な反省につながっていくことでしょう。

　これらを踏まえると、集団保育において子どもの主体的な遊びを保障するための指導計画の要件は、次のようになります。これらは、原則的には未満児の月案も同様です。

　①全体状況を視覚的に捉え、環境図に示す
　②前日までの仲間、遊びの群れ、遊び状況を踏まえ、ねらいにもとづいて環境の再構成と援助を記す

　自由遊び時ならびに一斉活動（行事やお集まりなど）の室内ならびに戸外の環境図を週案・日案に示し、その周辺にねらいに即した意図的な環境や援助についての文章による記載を行います。そこに予想される子どもたちの遊びへのかかわり方もマッピングできるとなおよいでしょう。なぜなら、環境の再構成をしたり、新たな素材・教材を出したりする見通しの根拠として、前日までの子どもたちの姿があるからです。しかし、それは、遊び状況が見えていないとできません。つまり、どうしたら遊び状況が見える環境・援助となるのか振り返るための材料にもなります。

> **参考** ➡渡辺桜 「保育カリキュラム論」豊田和子・新井美保子編　建帛社、2013、p.28-29

ワーク

指導計画を見せ合ってみよう!!

　園内の先生同士で、週案や月案を見せ合ってみましょう。読んでいて、クラスの状況が見えてくる指導計画、担任の先生のワクワク感が伝わってくる指導計画について意見交換をしてみると、より実践に活きる指導計画になります。

　担任の先生のワクワク感が伝わってくる指導計画には、「こんな環境をしかけたら、子どもたちがノッてくるかな…」「遊びの仲間としてこんなふうにモノとかかわるところを見せたら、子どもたちは"おもしろそう！"ってノッてくるかな…」といったことがうかがえる環境と援助についての図示や記載がたくさんあります。そのあたりも未満児、幼児関係なく学びあえる部分ですよ。

2. 遊び保育の具体的な指導案例

　それでは、実際の指導案例を見ながら、遊び保育を支える指導案（0-2歳児月案、0-1歳児月案、1-2歳児月案、3歳児週案、4歳児週案）について考えていきましょう。

(1) 0-2歳児クラス月案

　まずは、0-2歳児クラス1月の月案例（本書p.93、図6-2-1）です。発達過程に大きな開きのある0-2歳児ですが、園の保育室の都合により、同じ空間で保育を展開していかなくてはならない園もあります。これは、保育室内にさまざまなつくり付け家具や手洗い場など、物理的に再構成のできない環境構成の中で、いかに可能な限り子どもたちの主体的な姿を保障する環境を工夫するかという発想と共通します。

　月案例を見ると、中央に保育室環境図があり、その周辺にねらいにもとづいた環

第6章　遊び保育を実践するための週案・日案とは

境や援助が記載されています。このように示すことにより、具体的な保育室環境をイメージしながら、それぞれの遊びや場に対するねらいや援助が明確になりやすいといえます。

　環境図を見ていくと、ロッカー側は主に月齢の低い0歳児のスペース、それ以外は動きが活発になる1-2歳児のスペースであることがわかります。こうすることで、どの月齢の子どもたちもそれぞれの発達過程をできる限り保障できる空間を保障しようとしていることが伺えます。中でも、1-2歳児の空間は、構成・ままごと・製作の3つの拠点がトライアングルの形で構成されており、前項で述べたように、これは幼児と同様です。

　援助の記述を見ていくと、全体把握・安全確保という視点から、保育者の位置取り、秩序感の保障についての記載があります（傍線a、d）。また、子どもの主体的な遊びを保障するための援助として、遊びに使う素材（傍線b）、保育者のモデル性（傍線c）、遊びのイメージをより明確にするシンボル（傍線e）についての記載があり、まさにこれは幼児の主体的な遊びを保障する援助と同じであり、原則は乳児、幼児に関わらず同じであることがわかります。特に、傍線cの援助に着目すると、「かしゃかしゃ」「ごしごし」と言って…とオノマトペを使いながら、「ゆったりした動きで…」と保育者のモデルの示し方まで具体的に意識しています。オノマトペを使いながらゆっくり大きな動きで楽しさを表現することによって、子どもたちはその遊びの楽しさをリズミカルに感じ取り、主体的にその場や遊びにかかわっていくことが予想されます。

　筆者は、実際にこの指導案を作成された園に継続的に園内研究でかかわらせていただきました。この環境図の環境も容易に生み出されたものではなく、0-2歳児という発達過程に大変違いのある子どもたちの安全と発達の保障をするにはどうしたらよいのかと悩み抜いた試行錯誤の結果のものです。その試行錯誤が実を結んだのも、指導案に環境図を描き、環境に対する反省も丁寧にされたからです。このクラスの子どもたちは、ここにある大きな4つの拠点でよく群れて遊びます。そして、担任の先生方のオノマトペと動きのモデルに魅力を感じ、先生のノリにノッて遊び出し、少しずつ先生がいなくともそのノリを自分たちの遊びとして楽しむ姿を目の当たりにしてきました。

　よく群れて、よく遊ぶという姿が増えていくにつれ、子ども同士のトラブルが減り、ケガが激減したということは、このクラス以外にもたくさん聞く話です。安全確保と遊びの充実は相互関係的なのです。

2才児 男3名	1才児 男5名	0才児 男0名
女2名	女1名	女3名
		計14名

〈環境のねらい〉
◎0才児
・保育者のあたたかい関わりの中で、試しながら手や指先を使った遊びをくり返し楽しむ
◎1才児
・保育者や周りにいる子の遊びを見て喜んだり、フリや言葉を真似て遊ぶことを楽しんだりする
◎2才児
・シンボルや保育者の言葉掛けから周りにいる子と同じような遊びをしたり保育者と一緒につもり、見立て遊びを楽しんだりする

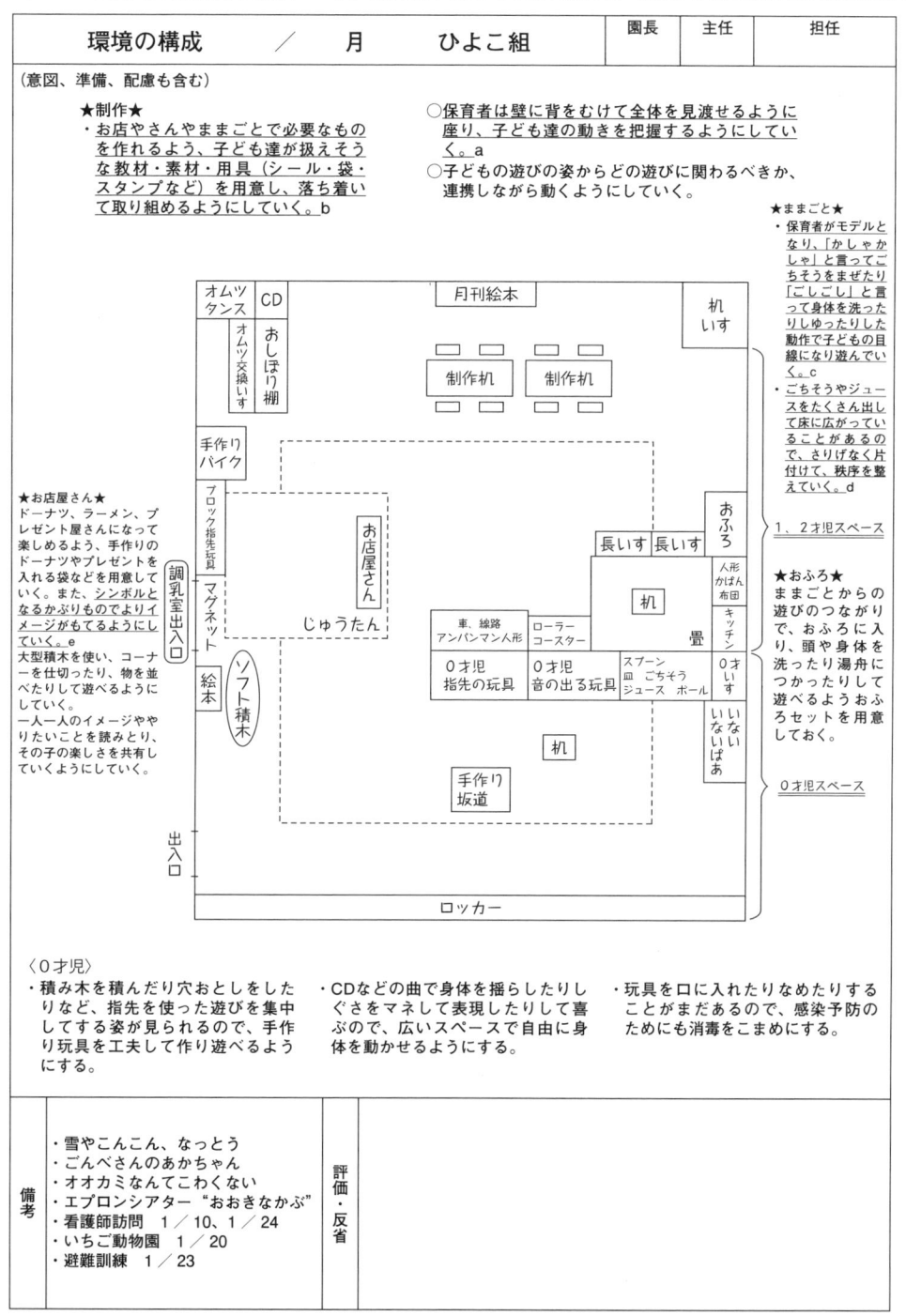

環境の構成　　／　月　　ひよこ組	園長	主任	担任

（意図、準備、配慮も含む）

★制作★
・お店やさんやままごとで必要なものを作れるよう、子ども達が扱えそうな教材・素材・用具（シール・袋・スタンプなど）を用意し、落ち着いて取り組めるようにしていく。b

○保育者は壁に背をむけて全体を見渡せるように座り、子ども達の動きを把握するようにしていく。a
○子どもの遊びの姿からどの遊びに関わるべきか、連携しながら動くようにしていく。

★ままごと★
・保育者がモデルとなり、「かしゃかしゃ」と言ってごちそうをまぜたり「ごしごし」と言って身体を洗ったりゆったりした動作で子どもの目線になり遊んでいく。c
・ごちそうやジュースをたくさん出して床に広がっていることがあるので、さりげなく片付けて、秩序を整えていく。d

★お店屋さん★
ドーナツ、ラーメン、プレゼント屋さんになって楽しめるよう、手作りのドーナツやプレゼントを入れる袋などを用意していく。また、シンボルとなるかぶりものでよりイメージがもてるようにしていく。e
大型積木を使い、コーナーを仕切ったり、物を並べたりして遊べるようにしていく。
一人一人のイメージややりたいことを読みとり、その子の楽しさを共有していくようにしていく。

1、2才児スペース

★おふろ★
ままごとからの遊びのつながりで、おふろに入り、頭や身体を洗ったり湯舟につかったりして遊べるようおふろセットを用意しておく。

0才児スペース

〈0才児〉
・積み木を積んだり穴おとしをしたりなど、指先を使った遊びを集中してする姿が見られるので、手作り玩具を工夫して作り遊べるようにする。
・CDなどの曲で身体を揺らしたりしぐさをマネして表現したりして喜ぶので、広いスペースで自由に身体を動かせるようにする。
・玩具を口に入れたりなめたりすることがまだあるので、感染予防のためにも消毒をこまめにする。

備考
・雪やこんこん、なっとう
・ごんべさんのあかちゃん
・オオカミなんてこわくない
・エプロンシアター"おおきなかぶ"
・看護師訪問　1／10、1／24
・いちご動物園　1／20
・避難訓練　1／23

評価・反省

図6-2-1　0-2歳児クラス月案例（1月）

(2) 0-1歳児クラス月案

では次に、0-1歳児クラス1月の月案例（図6-2-2）を見ていきましょう。

まず環境図を見てみると、保育室内だけではなく、サンルームや戸外についても描かれています。子どもたちが遊びや生活をする場をすべて環境図に起こすことで、保育者自身がそれぞれの場や遊びをどのように把握しているのか、どのような願いを抱いているのかがより明確になりやすいといえます。また、それぞれの場にその遊びをイメージさせる吹き出しがあることで、今、子どもたちが楽しんでいること、保育者が楽しさとしてしかけていきたいことが見えてきます。保育室内の環境図については、大きく4つの拠点があります。ままごと、一人でじっくり遊ぶ（構成含む）、一本橋、車です。幼児のように、製作コーナーは発達過程として難しいでしょうが、それ以外のままごと・構成については保障されています。モノ・人・場とつながりやすい遊びという点では、大切にしたい場であることは共通なのです。また、一本橋や車といった動きのある場を保育室内に設けるのは未満児クラスの特徴といえます。ただし、静的な遊びに影響を与えないよう拠点の場所を工夫しているということが大切なポイントでしょう。

援助についてみていくと、先の0-2歳児クラスと同様、オノマトペを使用しながら楽しいリズムが共有できる援助を意図的に行おうとしています（傍線a、c）。また、遊びの仲間の一人として保育者も遊びにかかわる姿勢として「保育者も繰り返し楽しんでいく」（傍線b）、「保育者も同じように滑ったり…」（傍線d）、「保育者も同じものを拾ったり…」（傍線e）などが記載されています。未満児クラスの保育者の援助として、子どもたちが遊べていると「見守る」という援助を記載される先生が多いように思います。しかし、本書で繰り返し述べているように、遊びの仲間の一人としてかかわりながら、全体を把握するという援助こそが子どもの自立的な遊びを保障するのだとしたら、「見守る」ばかりではなく、同じ遊びの仲間として同じモノ・人・場とかかわりながらその遊びのおもしろさや環境・援助の戦略を練ることが保育者には求められるでしょう。

もも組（0、1歳児） 指導案
0歳児4名（男4名：女0名） 1歳児7名（男5名：女2名）
指導者

子どもの姿	・D児、Y児、M①児は保育者と一緒に「かんぱい♪」とコップを合わせて飲んだり、コップにジュースを入れたりすることを繰り返し楽しんだり、皿にホットケーキ等を乗せて保育者のところに運び、食べてもらったり、一緒に食べたりすることを楽しむ姿がある。 ・A児、R①児、R②児、H児は牛乳パックの車に乗って動かしたり、ジュースやパック等を乗せて押したりすることを楽しむ姿がある。 ・S児は保育者のところに好きな絵本を持ってきて読んでもらったり、「ぶーぶー」「ぱおーん」と指差ししながら自分の思いを伝えようとしたりする姿がある。 ・T児は保育者のところや気になるところへ歩いていき、抱きしめてもらったりマラカスを振ってみたり口に入れてみたりすることを喜んでいる。 ・M②児、K児は12月末に入園し、保護者と離れて過ごすことに不安を感じ泣いて過ごすことが多い。 ・戸外ではジャングルジムの下をくぐったり、鉄棒にぶら下がってしたりするY児、R①児、R②児、M①児、H児、A児、D児、保育者と一緒に走ったり松の葉を拾ったりするT児、S児の姿がある。広々と園庭が使える際には保育者がフラフープ等を出すことで電車や車に見立てて遊ぶことを楽しむ姿がある。	
ねらい	◎保育者に見守られながら安心して好きなことをして遊ぶ。	内容 ・保育者に思いを受け止めてもらいながら好きなところに行って遊ぶ。 ・保育者と一緒に走ったり、滑ったりして体を動かして遊ぶ。

○予想される子どもの活動　◎環境の構成　☆保育者の援助
（意図、準備、配慮も含む）

①【環境図：加湿器、ベビーベッド、玩具棚、玩具棚、絵本、「おいしい！」「はいどうぞ♪」「ぱぴぷぺぽ」、ままごと、③牛乳パックの仕切り、「よいしょ！よいしょ！」、④車、「いってきまーす！」、ダンボールハウス、調乳室】

① ○「はいどうぞ」と保育者にホットケーキ等を手渡したり乾杯したりすることを楽しみながら遊ぶ姿がある。
☆「ありがとう。もぐもぐもぐ♪」と美味しそうに食べる姿を見せることで食べてもらう嬉しさを感じながら保育者とのやりとりを楽しめるようにしていく。a
☆保育者も一緒になって「乾杯！」と声に出しながらコップを合わせたり飲んだりしていく。繰り返し楽しむ姿もあるので、子どもの姿に合わせて保育者も繰り返し楽しんでいく。b

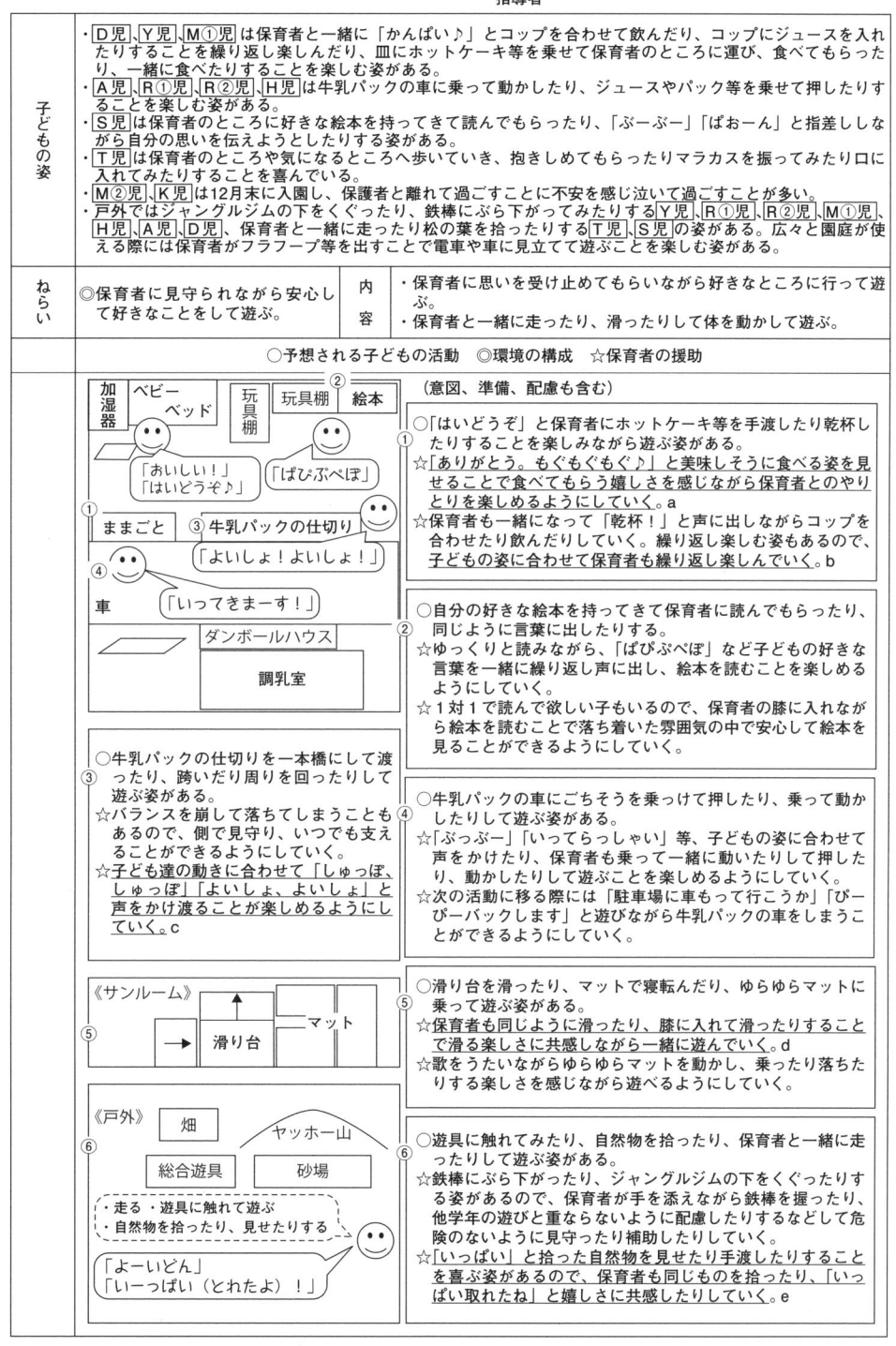

② ○自分の好きな絵本を持ってきて保育者に読んでもらったり、同じように言葉に出したりする。
☆ゆっくりと読みながら、「ぱぴぷぺぽ」など子どもの好きな言葉を一緒に繰り返し声に出し、絵本を読むことを楽しめるようにしていく。
☆1対1で読んで欲しい子もいるので、保育者の膝に入れながら絵本を読むことで落ち着いた雰囲気の中で安心して絵本を見ることができるようにしていく。

③ ○牛乳パックの仕切りを一本橋にして渡ったり、跨いだり周りを回ったりして遊ぶ姿がある。
☆バランスを崩して落ちてしまうこともあるので、側で見守り、いつでも支えることができるようにしていく。
☆子ども達の動きに合わせて「しゅっぽ、しゅっぽ」「よいしょ、よいしょ」と声をかけ渡ることが楽しめるようにしていく。c

④ ○牛乳パックの車にごちそうを乗っけて押したり、乗って動かしたりして遊ぶ姿がある。
☆「ぶっぶー」「いってらっしゃい」等、子どもの姿に合わせて声をかけたり、保育者も乗って一緒に動いたりして押したり、動かしたりして遊ぶことを楽しめるようにしていく。
☆次の活動に移る際には「駐車場に車もって行こうか」「びーびーバックします」と遊びながら牛乳パックの車をしまうことができるようにしていく。

⑤【環境図：《サンルーム》、滑り台、マット】

⑤ ○滑り台を滑ったり、マットで寝転んだり、ゆらゆらマットに乗って遊ぶ姿がある。
☆保育者も同じように滑ったり、膝に入れて滑ったりすることで滑る楽しさに共感しながら一緒に遊んでいく。d
☆歌をうたいながらゆらゆらマットを動かし、乗ったり落ちたりする楽しさを感じながら遊べるようにしていく。

⑥【環境図：《戸外》、畑、ヤッホー山、総合遊具、砂場、・走る・遊具に触れて遊ぶ・自然物を拾ったり、見せたりする、「よーいどん」「いーっぱい（とれたよ）！」】

⑥ ○遊具に触れてみたり、自然物を拾ったり、保育者と一緒に走ったりして遊ぶ姿がある。
☆鉄棒にぶら下がったり、ジャングルジムの下をくぐったりする姿があるので、保育者が手を添えながら鉄棒を握ったり、他学年の遊びと重ならないように配慮したりするなどして危険のないように見守ったり補助したりしていく。
☆「いっぱい」と拾った自然物を見せたり手渡したりすることを喜ぶ姿があるので、保育者も同じものを拾ったり、「いっぱい取れたね」と嬉しさに共感したりしていく。e

図6-2-2　0-1歳児クラス月案例（1月）

第6章　遊び保育を実践するための週案・日案とは

(3) 1-2歳児クラス月案

ここでは、1-2歳児クラス1月の月案例（図6-2-3）を見ていきましょう。

こちらにも保育室内ならびに戸外の環境図があり、子どもたちの遊びの姿や保育者の位置も描かれています。保育者の位置取りについては、もちろんこの通りにはできない状況も多々あるでしょう。しかし、傍線dに記載されているように、複数担任の場合は、連携は大変重要であり、連携に欠かせないのは保育者の位置取りの意識化です。このクラスのように、3人の担任であれば、3人の保育者が主要な拠点に壁を背にして座り、3人で全員の子どもたちの把握をできる限り可能にしなくてはならないのです。

援助について見ていくと、子どもの姿（傍線a）には、途中入園した子どもが少しずつ保育者との関係から園に馴染みつつあるようすが伺えます。保育者との信頼関係を基盤として、自立的な生活・遊びの姿を中長期的に保障していくためには、先の0-2歳児、0-1歳児の指導案でも記載されていたように、保育者の遊びの仲間としてのかかわりや子どもが自らモノ・場にかかわることのできる環境などが重要になってきます。それが、「保育者も一緒に遊びながら…」（傍線b）、「保育者自身もパズル遊びを楽しんで…」（傍線c）といった援助にあらわれているといえます。

もも組（1、2歳児）指導案

1月17日（金）
1歳児5名（男2名：女3名）2歳児10名（男5名：女5名）
指導者

子どもの姿	・12月から入園したD児A1児。A1児は保護者と離れる時や遊びの途中でさみしくなり泣けてしまう姿が見られるが保育者におんぶや抱っこをしてもらい、気持ちを受け止めてもらったり、友達に遊びに誘ってもらうことで気持ちが紛れ遊び出せる。a ・N児は足を骨折後、ゆっくり歩けるようになり、他児と同じように遊べることを喜んでいる。 ・1歳児は身の周りの事を自分でやってみたい気持ちが強く、保育者にさり気なく援助してもらったり、見守られたりすることで、自分でできたことを喜ぶ姿が見られる。2歳児は自分でできる事が増え、自分でやってみようとする姿が多くなってきた。 ・保育者と1対1の関わりを求めるD児H1児A1児Y児H2児、保育者の関わりに満足すると同じ場にいる友達とやりとりを楽しむA2児K児S1児S2児M児R児F児T児H3児N児の姿がある。
ねらい	◎身の周りのことを保育者に手伝ってもらいながら、できるところは自分でやってみようとする。 ◎保育者を仲立ちとして友達と同じ場で遊ぶ心地よさを味わう。
内容	・保育者と一緒に身支度をする中で、自分でできたことを喜ぶ。 ・保育者や友達に自分の思いをしぐさや言葉で伝えようとする。 ・保育者や同じ場で遊ぶ友達とやりとりを楽しむ

○ 予想される幼児の活動　◎ 環境の構成　☆ 保育者の援助

☆身支度や着替えは、自分でやろうとする姿が増えてきたので、個々に合わせ援助していき、少しでも自分でやろうとする姿や自分でできた姿を十分認め、自信につなげていく。

☆N児は他児とぶつかったり転ばないよう見守ったり、疲れたら座って遊べるようにスペースを作っていく。

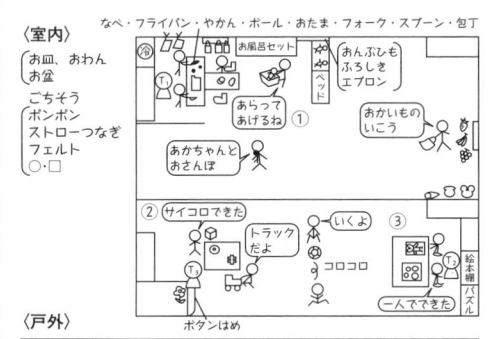

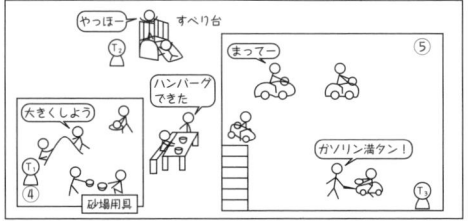

①
☆ままごと遊びでは、A2児D児H3児A1児がフライパンを振ったり、調味料を加えたり、なりきって遊ぶ姿が見られる。保育者も一緒に遊びながら「熱い！ふーふーして食べよう」など大きなふりで楽しんでいき、より楽しめるようにしていく。b
☆人形やぬいぐるみをおんぶしたり、お風呂に入れることを楽しむR児S1児F児の姿が見られるので、子どもから出たイメージを「○○みたいね」と受け止めたり、「○○ちゃんと同じだね」など友達を意識したり、同じ場で遊ぶ友達とのやりとりが楽しめるようにしていく。

②
◎子どもが遊び出しやすいように棚から出しておく。
☆ブロック（井形）遊びでは保育者に作ってもらっていた姿から自分で組み合わせることができるようになったA2児H2児Y児、自分で考えて作るT児S2児の姿が見られる。「自分で作れたね」などその姿を十分認めていく。作った物を転がして楽しむ姿が見られるので、「○○ちゃんと○○ちゃん一緒だね」と声を掛けたりして保育者が仲立ちとなってやりとりが楽しめるようにしていく。

③
☆保育者自身もパズル遊びを楽しんで、cパズル遊びの楽しさを共有する。
☆自分で出来るようになり、最後まで取り組もうとする姿が見られるようになってきたので、「あと少しだね」「全部一人で出来たね」など声を掛け満足感が味わえるようにしていく。
☆動物のパズルでは、出来上がった物で「お散歩に行って来ます」などやりとりを楽しむM児K児の姿が見られるので、保育者が仲立ちとなって、同じパズルで遊ぶ友達とやりとりが楽しめるようにしていく。

〈室内〉
なべ・フライパン・やかん・ボール・おたま・フォーク・スプーン・包丁
お皿、おわん、お盆
ごちそう
ポンポン
ストローつなぎ
フェルト
○・□

お風呂セット
おんぶひも
ふろしき
エプロン
あらってあげるね ①
おかいものいこう
あかちゃんとおさんぽ
② サイコロできた
トラックだよ
いくよ ③
コロコロ
一人でできた
ボタンはめ
絵本棚パズル

〈戸外〉
やっほー すべり台
まってー ⑤
ハンバーグできた
大きくしよう
ガソリン満タン！
④ 砂場用具

④
◎3人の保育者が連携をとり、声を掛け合って危険のないように見ていく。d
◎砂場用具を取り出しやすいように出しておく。
☆食べ物の型で形を作ることや、作った物を食べることを楽しむ姿が見られる。うまくできずに「先生やって」という時には一緒にやっていき、自分でできた喜びが感じられるようにしていく。
☆山やトンネルを作ることを楽しむ姿が見られるので、子どものイメージを受け止めながら一緒に楽しんでいく。

⑤
◎コンビカーで遊べるスペースを作り、コンビカーを並べておく。
☆コンビカーでは友達の動きを真似て走ることや、ガソリンを入れたつもりになってそのやりとりを楽しむ姿が見られるので、「○○ちゃんとお出掛けですか？」「ガソリン満タン！」など同じ場で遊ぶ友達と楽しめるような言葉掛けをしていく。
☆交代で使えるように「○○ちゃんも使いたいんだって」と知らせたり、他の遊びの様子を知らせたりして交代できるきっかけを作っていくようにする。

図6-2-3　1-2歳児クラス月案例（1月）

第6章　遊び保育を実践するための週案・日案とは

(4) 3歳児クラス週案

　それでは、3歳児クラスの週案例1月3-4週（本書p.100、図6-2-4）について見ていきましょう。

　環境図の戸外には、第5章で触れたように、中央にあこがれの対象となる集団遊び、その周辺に砂場や総合遊具などが位置することにより、「見る⇄見られる」関係の保障がされていることがわかります。

　次に、環境図の保育室内には大きく4つの拠点があります。製作、構成、ままごと、お正月遊びです。第5章で述べたように、製作、構成、ままごとの3つの拠点は、モノ・人・場がつながりやすいコーナーとして大変重要です。もちろんそれ以外の遊びが必要ないといっているのではありません。ただ、通年設定したい主要3拠点を保育室内において優先的に「見る⇄見られる」関係が保障できる位置に構成した上で、季節限定であるお正月遊びなどをその主要3拠点のトライアングルを保障する形で設定し、季節（ブーム）が過ぎたら撤去するという発想が大切なのです。その点からこの週案を見てみると、主要3拠点がトライアングルで位置取られ、その「見る⇄見られる」関係が邪魔されないところにお正月遊びが設定されています。このお正月遊びは2月に入り、だんだん遊びの盛り上がりがなくなってきたら、撤去し、ままごと遊びから派生したお店屋さんの場となっていきました。モノ・人・場がつながっていくと、主要3拠点以外の場が自然発生的に子どもたちの中から求められます。その際、どこに設定することが、保育室内全体の場の関係性を保ちつつ、新たな場のねらいを保障するのかを保育者は模索する必要があるのです。

　では、援助を見ていきましょう。全体把握と子どもたちが安心して遊べるための配慮が傍線c、fに記されています。このように、保育者がすぐそばにいなくとも安心して遊べるという状況を保障しようと努めることを指導案に記すことは、そのことへの意識化のためにも大切でしょう。また、環境への配慮として、ままごとでのフリが豊かに大きくできる場を保障していたり（傍線a）、場が乱れた場合には整えたり（傍線d、g）、子どもが自分で遊びに必要なモノを自分で好きな時に出し入れできるように環境の工夫をする（傍線i）などが見られます。中でも、注目してほしい点は、傍線d、gの「つぶやきながら…」という援助です。これは、保育者のことを子どもたちが見ているぞ…まねしてくれるかもしれないぞ…という見通しのもととなる援助であり、大変重要です。また、子どもが保育者を見ていることを意識した遊びの援助としては、傍線b、e、hなどが該当し、保育者自身が遊びの

仲間としてどうその場のモノとかかわるかが示されています。

(5) 4歳児クラス週案

では、最後に4歳児の週案例1月4-5週（本書p.102、図6-2-5）を見ていきましょう。

環境構成は、先の3歳児の室内・戸外とほぼ同様であることがわかります。この3歳児クラスの週案と4歳児クラスの週案は別の園ですが、子どもたちの主体的な遊びを保障するための環境を考えた場合、主要な3拠点をトライアングルに設定することや、戸外では中央に集団遊びを設定し、「見る⇄見られる」関係を保障するという点において原則を共有していることがわかります。

援助についても、遊びに必要なモノをつくる、保育者自身がその遊びの仲間の一人としてどうかかわるかといったモデル性について記されています（a、b、c）。

第6章 遊び保育を実践するための週案・日案とは

3歳児　　たんぽぽ組　　1月13日～1月25日

子どもの姿

- ままごとでは、包丁を使って、フェルトや紐を切ったりしてごちそうを作る KY児 HY児 KA児 UH児 の姿がある。友達と会話をしながらごっこ遊びが楽しめるようにしたい。
- ウレタン積み木では様々な形を組み合わせて橋を作って渡ることを楽しんだり、四角く囲った中に入ってお風呂ごっこをしたり、汽車を作り「ポッポー」と言いながら動かす真似をして遊ぶ KK児 HR児 NK児 OK児 がいる。安全面に気をつけながら、見立て遊びが楽しめるようにしていきたい。
- 製作では紙テープを使って輪つなぎを作る AY児 HR児 、型抜きした紙を貼り付けかばんを作り、身につけることを喜ぶ HY児 、広告で剣を作り、戦いごっこをする NK児 KK児 HR児 の姿がある。いろいろな素材を使って作ることが楽しめるようにしていきたい。
- 福笑いやこま回しなどの正月遊びをする HR児 NK児 UH児 HR児 AY児 KY児 がいる。
- 戸外では、自分で作った凧を揚げることを楽しむ UH児 NK児 KK児 NK児 、砂場で誕生日パーティーをして遊ぶ HH児 WT児 AY児 HY児 。三輪車やブランコで遊ぶ KY児 HR児 OK児 がいる。戸外で体を動かして遊ぶ楽しさや面白さが味わえるようにしていきたい。
- 防寒具の着脱を自分でやってみようとしたりするなど、身の回りのことでできることはしようとする姿がある。

◎環境の構成

- ◎目隠しができないので、保育者が目隠しはするようにする。
- 子ども達が自分たちで遊びを進めていくことができるので、遊びを見守っていくようにする。
- 「面白い顔だね！」と声を掛けながら、福笑いが楽しめるようにする。

- ◎こま回しではスペースを決めておき、そこで遊ぶようにしていく。
- 保育者も一緒に遊びながらまわし方を知らせていく。e

- ◎2段以上に乗らないこと、3段以上積み上げないことなど、約束事を知らせ、怪我のない様気をつけていく。
- 子ども達が思い思いに積み上げたり、並べたりしているので、遊びが盛り上がっているようなら視線を送り、保育者の存在がいつでも感じられることで安心して遊べるようにする。f
- 遊んでいる場所が積み木で散乱していたら、保育者が「積み木をおうちに帰してあげよう」とつぶやきながら、整頓していく。g

- ◎紙やテープなどスグ使うものは机の上においておき、いつでも使いやすいように整頓しておく。
- ◎はさみを使う時には座って扱うことや正しい持ち方や指の入れ方などはさみの使い方を知らせていく。また、切ることが楽しめるように細い紙を用意し、切った紙を入れておく入れ物も用意しておく。
- テープを長く切ってしまう子がいるので、「赤ちゃん指の長さに切ってね」と分かりやすく伝えていく。
- 友達と同じものを作りたいときにはどういうものが作りたいのか思いを良く聞き、自分でできないところは援助をしながら同じものを持つ嬉しさが感じられるようにする。
- 剣を作り、戦いごっこをする子には、お面やマントなどシンボル的なものを一緒に作っていくことで、見立て遊びが楽しめるようにする。h

予想される活動（行事等）

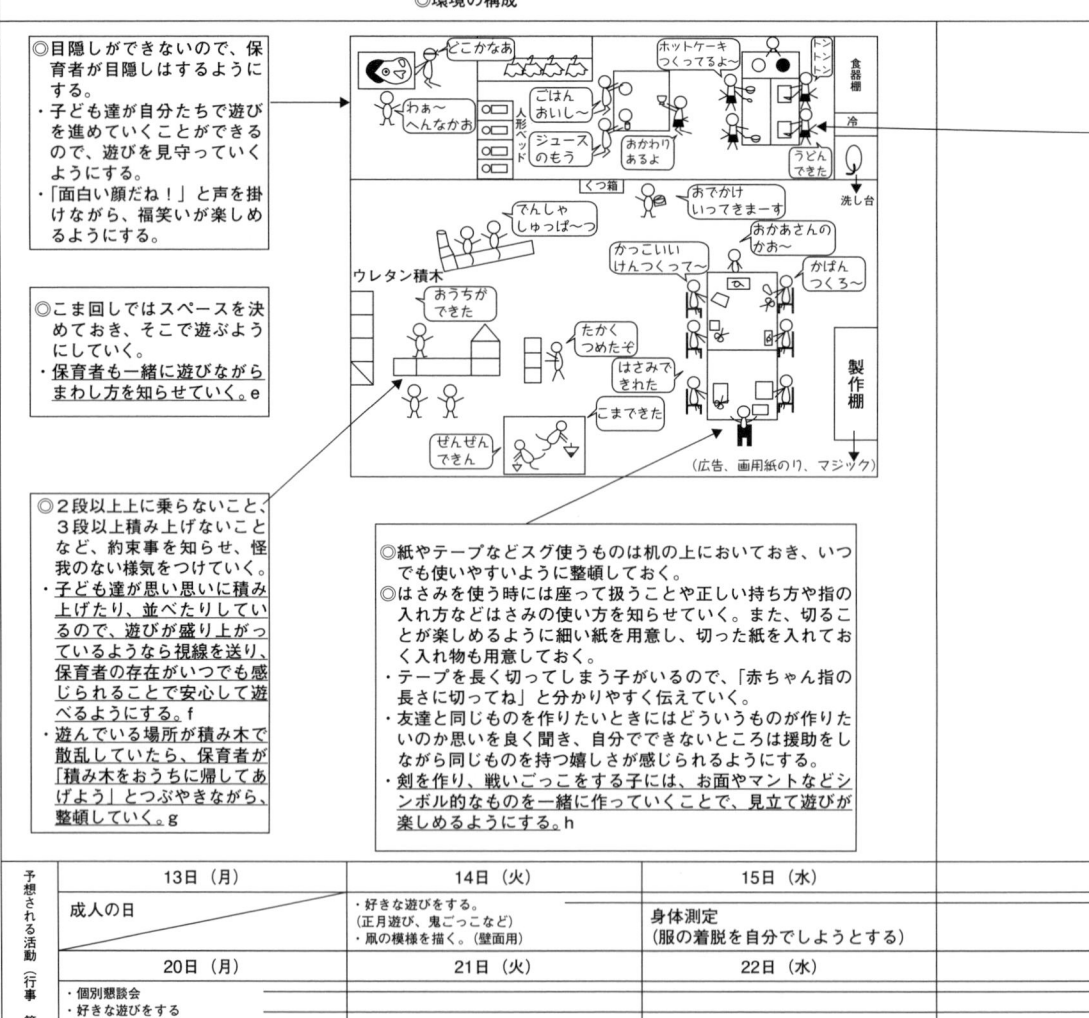

	13日（月）	14日（火）	15日（水）
	成人の日	・好きな遊びをする。 （正月遊び、鬼ごっこなど） ・凧の模様を描く。（壁面用）	身体測定 （服の着脱を自分でしようとする）
	20日（月）	21日（火）	22日（水）
	・個別懇談会 ・好きな遊びをする （正月遊び、鬼ごっこなど）		

図6-2-4　3歳児クラス週案例（1月3-4週）

		園長	主任	担任

指導計画

		生活指導
ね ら い	◎保育者や友達と関わりながら好きな遊びを楽しむ。 ◎戸外で体を動かして遊ぶことを楽しむ。	防寒具の着脱や始末を自分でできるところは自分でする。
内 容	○保育者や気の合う友達と一緒に動いたり、真似をしたりして遊ぶ。 ○興味を持った正月遊びを保育者や友達と一緒にする。（福笑い、こま回しなど） ○保育者や友達と一緒に体を動かして遊ぶ。（凧揚げ、おおかみさんごっこ、あぶくたったなど）	うた「ゆきのぺんきやさん」 手遊び「パン屋さんにおかいもの」 リズム遊び「やおやさん」

・保育者の援助　　○予想される活動		第1週反省
◎包丁を使ったり、混ぜたりしやすいように、作業スペースを広めに設定する。a ・まだ、包丁を用意してから日が経っていないため、持つことが嬉しくて包丁を持ち歩いたり振り回したりする姿があるので、保育者が「トントン」とつぶやきながら切ったりする姿を見せていき、使い方を知らせていくようにする。b ・KA児HH児など会話をしながら遊ぶ姿があるので、視線を送りながら、いつでも子ども達が保育者の存在を感じられるようにする。c ・皿やフェルトが床に散乱していることがあるので、「もったいないな。片付けよっと」とつぶやきながら保育者が拾ったり、食器を片付ける姿を見せていく。d	◎自分の凧がいつでも出し入れできるように、一人一人のマークがついた保管ケースを用意して分かりやすいところにおいておく。i ◎広いスペースを確保し、怪我のない様走り回ったりできるようにする。 ・紐が絡まってしまうこともあるので、すぐに対処し、凧揚げができるようにする。 ・UH児KY児NK児は凧が揚がらないと「やれない」と訴えてくることが予想されるので、「たくさん走ったら揚がるかもよ」と言葉を掛けたり、保育者が揚げる姿を見せていくようにし、揚げ方を知らせ、面白い、楽しいと感じられるようにする。	
◎たらいに水を入れておき、ジュース作りなどいつでも使えるようにしておく。 ◎落ち葉を砂場近くに集めておき、見立て遊びができるようにしておく。 ・WT児HH児HR児NA児AY児は砂や落ち葉を使ってままごと遊びをする姿があるので、遊びの様子を見守ったり、「おいしそうなにおいがしてきたぞ」と声をかけるなどしてより遊びが楽しめるようにする。	総合遊具　でかけるぞ〜　4、5才児用砂場 たんじょうパーティーするよ　たこあがった とばない　たこ、とんでる だんごつくろ　キャ〜 コーヒーつくろ　つかまえるぞ〜 砂場　おもちゃカート　にげろ〜	第2週反省
・20日から昼寝がなくなるため、子ども達がゆっくり休息できるよう、午後からの時間は室内遊びを中心にしていく。また、延長保育の子で体力的に疲れてしまう子などは保護者と相談しながら、過ごしていくようにする。 ・防寒具を着て戸外に出るので、一人一人の姿を把握しながら、チャックなどの手助けをしたり、見守ったりしていく。	◎鬼は帽子は白、他の子は黄色と決め、誰が鬼か視覚的に分かるようにする。また、逃げる場所も分かりやすく地面に描くなどして知らせる。 ◎園庭では他の学年も凧を揚げたり鬼ごっこをしたりしているので、怪我のない様遊ぶスペースを考えて遊ぶようにする。 ・追いかけたり追いかけられたりすることが楽しいと感じられるようにしていく。	

16日（木）	17日（金）	18日（土）
・個別懇談会	・公開研修・昼寝終了	別紙に記入

23日（木）	24日（金）	25日（土）
	避難訓練	別紙に記入

第6章　遊び保育を実践するための週案・日案とは

4歳児　　　　りす組　　　　1月20日〜2月1日

子 ど も の 姿
・友達の会話や遊びが気になり支度が進まない子もいるが（D児, J児, K児）、支度ができたら友達と一緒に遊べる、今日はこの遊びをしよう、と期待をもって自分から進んで支度や片付けをしようとする姿が見られる。急いでいて鞄の口が開いていたり、蛇口が閉まっていなかったり、トイレのスリッパが揃っていなかったりと雑になってしまう場面が見られる。 ・レストランごっこ、車作り、ソフト積木での道や家作りなど、自分の「こうしたい」「これは○○しているところ」というイメージや思いを動きや言葉で表したり、「それいいね、こんどはこうしてみよう」など、友達の思いを感じ取ったりして一緒に作ったり、なりきって会話をしたりして遊んでいる。自分の思いを通そうとしてトラブルになることもある。（B児, M児, N児, K児, O児） ・保育者や友達を誘ってどろけいをし、警察になって友達を捕まえることを楽しんだり、逃げたり仲間を助けたりすることを楽しんでいる姿が見られる。遊びの理解度が個々によって違い、楽しみ方も違うためトラブルになることもある。 ・園にある凧を揚げて散歩にでかけると、興味をもち友達と交代しながら凧揚げをする姿が見られた。揚がってたのしかった、もっとやりたかった、と喜ぶ子も多かった。 ・絵本にでてきた鬼の話をすると、個々のイメージは様々であった。

環境の構成及び保育者の援助

①自分の思いを表したり、保育者の仲立ちで友達の思いを受け止めたりして遊ぶ。

a {
- 空き箱を自分なりに重ねたり、切ったりしながら「これは○○する車なんだよ」と作ることを楽しんだり、作った車を持って「走らせてみよう」とソフト積木や板で作った道を走らせて友達や保育者に「見ててね」と走らせて喜ぶF児, H児, M児, Q児。「だめだ、ここのタイヤが曲がってるからまっすぐ走らないんだ」とタイヤを直したり、友達の車づくりを手伝ってあげるF児の思いに寄り添ったり、共感したりしながら保育者も仲間となって一緒に場をつくったり遊んだりしていく。遊びの様子を見ながら場を整えたり、再構成したりして楽しく遊びが続いていくようにする。
- ペットボトルのキャップごま作りを楽しむB児, D児, G児, L児, N児。何個も作ることで自分なりの最強ごまを作り、友達や保育者と勝負をしたり、キラキラテープやマジックで色をつけて色対決をしている。「こうしてみよう」「次はここを変えてみよう」と自分なりに試したり楽しんでいる気持ちに共感していく。
- ソフト積木をたくさん運び自分なりの道を作って楽しんでいるM児の場所に、いろいろな場所でこまを回したいB児, G児がこまを回しにきて言い合いになることがある。こうしたらおもしろそうだな、やってみたいな、という気持ちを受け止めつつ「M児、どんな顔してる？」とB児, G児が気付いていけるような言葉かけをしていくことで、友達の思いに気付いていけるようにしていく。

b {
- レストランごっこを喜ぶA児, E児, K児, O児, P児。保育者も「新しいかばんをもってレストランにいこうかな、予約したいけど電話もってなかったな」など遊びに必要なものを作ったり、つぶやきながら楽しそうに遊ぶ姿を見ていくことで、子ども達も必要なものを作って遊ぶ楽しさを感じたり、役になりきって会話したりする楽しさが味わえるようにしていく。楽しい雰囲気を感じてはいるが自分から遊びに入っていけず近くでみているJ児。一緒に遊びたいけど言葉が通じないR児。「一緒にレストランいかない？」と誘うことで遊びにはいるきっかけをつくり、保育者と一緒の楽しさを感じながら友達とのかかわりがもてるようにしていく。
- 自分なりのイメージをもち、ご馳走を作ったりなりきって料理を運んだりするK児。それを見ておもしろそうだと感じるP児は、K児の使っているものや場所を強引にとってしまうことがありトラブルになる。泣くことで気持ちを伝えようとするK児に代わり保育者が仲立ちとなり気持ちを伝えていくことで、K児のこうしたかった、という思いを伝えたり、P児がK児の思いに気付いていけるようにしていく。

案内環境図

道が作りたいけどイメージが弱い子に対して [保] が少しだけ作っておくことで自分なりに作っていけるようにする。

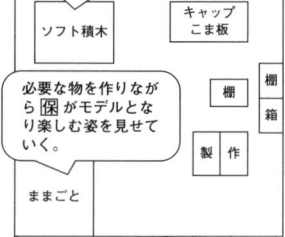

```
ソフト積木      キャップ
              こま板
                        棚
必要な物を作りながら
[保] がモデルとなり      棚
楽しむ姿を見せて      製作  箱
いく。
ままごと
              デッキ  カセット
踊る時間を決めたり
デッキの扱い方を知      踊り
らせていく。
```

戸外環境図

```
助け鬼  縄跳び
```

「こんな時どうする？」とみんなで考える場所をつくり、自分達で遊び方を考えていくようにする。

予想される活動（行事　等）	20日（月）	21日（火）	22日（水）
	いちご動物園	絵本の読み聞かせ	
	27日（月）	28日（火）	29日（水）
	ぱくぱく教室		

図6-2-5　4歳児クラス週案例（1月4-5週）

	園長	主任	担任
指導計画　18名			

ねらい	内容
◎気の合う友達と話をしたり、同じような気持ちになったりして一緒に遊ぶことを楽しむ。 ◎戸外に出て体を十分に動かして遊ぶことを楽しむ。 ◎節分の話を聞いて興味をもつ。	①自分の思いを表したり、保育者の仲立ちで友達の思いを受け止めたりして遊ぶ。 ②友達や保育者を誘い合って助け鬼、縄跳び、凧揚げなど、繰り返し遊ぶ。 ③節分の由来を知り、枡作りをしたり、豆まき会に期待をもつ。

予想される活動	第1週反省
②友達や保育者を誘い合って助け鬼、縄跳び、凧揚げなど、繰り返し遊ぶ。 ・先週散歩に出掛け、凧揚げをして喜ぶF児、H児、K児、O児、P児、Q児の姿があった。園にある凧や自分で作った凧をもって凧揚げに出掛けることで、自分の凧を揚げる喜びを感じたり、どうやったらよく揚がるようになるかを自分なりに考えたり、風を感じたりしていけるようにする。子ども達の感じたことや楽しい気持ちに共感していく。 ・友達や保育者を誘ってどろけいを喜んでいる子（B児、D児、E児、G児、H児、L児、N児、O児）、その様子をみて遊びに入ってくる子（F児、K児）、遊びには入らないがおもしろさを感じて近くでみているJ児の姿がある。個々によって遊び方の認識が違うため、「タッチしたのに捕まってくれない」「途中で警察と泥棒変わってずるい」「手をタッチしなきゃ逃げちゃダメなのに…」と保育者に訴えたり、トラブルになることもある。みんなと一緒に楽しい気持ちに共感しながら、「こんなときどうしたらいいと思う？」と周りの子ども達に投げかけ、楽しく遊びが続いていくようみんなで遊び方を考えていく機会をつくっていく。 ・縄跳びは「何回跳べるかやってみようかな」「歌をうたって跳んでみよう」などつぶやきながら、保育者自身がモデルとなり楽しんで遊ぶ姿を見せていくことで、子ども達も興味をもって遊んだり、「○○の歌うたって」と歌に合わせて跳んだりと自分なりに挑戦しようとする気持ちを認め、大切にしていきたい。 ③節分の由来を知り、枡作りをしたり、豆まき会に期待をもつ。 ・豆まき会を楽しみにできるように、絵本や紙芝居を読んで節分の由来を知らせたり、様々な鬼の話をしたり、歌をうたったりかみなりじゃんけんをして遊んだりしていく。 ・鬼からの手紙を用意することで子ども達が鬼について考えたり、興味を持ったりできるようにする。豆まき会で何がいるのかを考えたり、「豆を入れる箱がいる」と自分なりの枡を作って豆まき会に期待がもてるようにしていく。のりやはさみの扱い方や折り紙の折り方など個々に合わせて丁寧に伝えていく。 ・豆まき会で子ども達を怖がらせることを目的とするのではなく、どんな鬼がいるかみんなで考えたり、自分なりにやっつけたい鬼がいるか考えてみたり、怖いけどみんなで力を合わせようとする気持ちを大切にしていきたい。	第2週反省

23日（木）	24日（金）	25日（土）
避難訓練 散歩に出掛ける （ふれあい広場）	← →	

30日（木）	31日（金）	1日（土）
誕生会		

3. 日案・週案と保育の全体的な計画・教育課程や長期指導計画の関係

　園内研究や公開研究などで、保育者の方々とお話しする機会があると、以下のようなご質問を受けることがあります。

「大き目の積み木はいつから出すとよいのでしょうか?」

「ままごとのごちそうはいつから既成のもの(プラスチックのごちそうなど)をやめて、いろいろなものに見立てられる素材を入れていくとよいのでしょうか?」

　この2つのご質問に対して、一般化できる明確な答えはありません。たとえば、3歳は10月から積み木を出すとよい、5歳では必ず4月から出すべきだなどといったタイミングについては、その園やクラスごとの環境や保育方針によっても異なるからです。

　ただし、大きな最終目標は乳児も幼児も、幼稚園も保育所も認定こども園も同じはずです。それは、保育者がいなくとも子どもたちが主体的にモノ・人・場にかかわることだとするなら、中長期的なスパンの中での見通しが重要となってきます。つまり、園内の担任同士が環境や援助に対する願いを共有するために、教育課程や保育の全体的な計画といった入園から卒園までの長期的な見通しが重要になってくるのです。そして、その長期的な見通しのもとに、期間や年間といった中期的な見通しにおいて、各クラスの子どもの状態に応じて、柔軟に環境や援助をしかけていくことが求められているのです。それらは、教育課程や保育の全体的な計画といった長期の計画ありきではなく、日々の保育や指導案の願いからつなげていってこそ、子どもの主体的な姿に結びついていくといえます。

CHECK!
大型積み木

　3歳児の10月から大型積み木を入れ、ブロックの数を減らしていきましょう。ただし、子どもだけで大きな積み木で場を構成することはすぐには難しいため、しっかり保育者が遊びの仲間としてかかわって道路や車、お家を一緒につくり、遊びのシンボルとなるようなハンドルなどをつくることも必要になるでしょう。その流れで4歳児に上がってからも、場の構成遊びをしていきたいので、ままごとや製作から派生したお店屋さんごっこのお店の構えなどを積み木で構成してもおもしろいかもしれません。

CHECK!
ままごとのごちそう

　0歳児と1歳児6月あたりまでは、既成のプラスチックのごちそうをお皿に盛ったり、食べるまねをすることを楽しめばよいけれど、1歳児夏あたりからは、既製品を減らし、毛糸のポンポンや綿のひも、チェーンリングなど、まぜたり盛ったり、見立てたりが豊かにできる素材を増やしていきましょう。でも、その素材を設定するだけでは遊ばない姿が毎年あるので、しっかり保育者が遊びの仲間として、「まぜまぜまぜ」などつぶやきながら毛糸のポンポンをお鍋に入れてかき混ぜる姿を見せていきましょう。これらのことを経験している1歳児であれば、2歳児クラスで4月から既製品を一切入れなくても、見立てフリの遊びを保育者と一緒であれば楽しめるでしょう。

第6章　遊び保育を実践するための週案・日案とは

　ままごとのごちそうについては、「1歳児で既製品をすべてなくすなんて、本当に遊べるの?」という声を聞きます。もちろん、いきなり毛糸のポンポンとお鍋とおたまだけを準備し、置いておくだけでは遊べません。ただし、いつまでも既製品ばかりを出している保育室のままごと遊びは、プラスチックのりんごやホットケーキ、ピーマンをおなべで煮てまぜるといった実際にはあり得ないフリをすることがあります。そして、その時のモノの扱いは乱雑であることが多いのです。なぜなら遊びへの思い入れが弱く、遊びの楽しさや見立てフリのおもしろさに乏しいからです。

　先のままごとのごちそうの例は、実際に筆者が公開研究で出会った1歳児クラスの担任の先生の実践です。徐々に既製品のごちそうを減らし、2月の時点では、既製品のごちそうは一切ありませんでした。しかし、子どもたちもコック帽をかぶり、保育者と一緒に「まぜまぜまぜ」とごちそうをまぜたり、お皿に盛ったりするフリが豊かに出ていました。また、このクラスでは、製作コーナーで新聞紙の紙玉を「ぎゅっぎゅっぎゅ」とつくり、それに色紙をくるんで、ごちそうの玉に見立てていました。つまり、製作とままごとのモノ・人・場がつながっているのです。

　これらのことからいえることは、1～2歳児クラスだから既製品でしか遊べないとか、1～2歳児クラスでも既製品を使ってはいけないということではありません。中長期的な見通しのもとに、子どもたちの主体的な姿を支える環境と援助の積み重ねがあってこそ、乳児であっても既製品を使わずに豊かな見立てフリが保障できるのです。

第7章 遊び保育の振り返りに有効な記録とは

1. どのような保育記録が遊び保育の振り返りに必要か

(1) これまでの保育記録の問題点

筆者が園内研究の講師として、保育現場とかかわりながら感じていることは下記の点です。

「現在主流となっている園内研究や保育の振り返りに活用されている保育記録が本当に保育者たちの保育実践上の<u>根本的な悩み</u>を解決しているのか。」

現在主流となっている保育の振り返り記録は、保育者が「気になる子」「障害児」「逸脱児」など、個の記録に焦点化したものが多く見られます。しかし、これまでも本書で繰り返し述べてきたように、遊びや保育がモノ・人・場の関係性から成り立っているものだとすれば、切り取った個の記録だけを分析しても、その状況を生み出している要因がそこにはない場合もあるということです。

個の記録に焦点化した記録には、環境図がない場合がほとんどです。そして、担任保育者から「どうその男児たちにかかわると自ら遊ぶようになるか」という悩みが出た場合、男児たちが走り回っていたという状況を男児と保育者との関係や男児が直接的にかかわった人や場にのみ着目して、つまり、場面や事例を切り取り、その切り取られた情報をもとに話し合いを進めざるをえません。その結果、対症療法的にその時にどうその男児たちに声をかけるか（〜しようかと誘う、走り回ることを制止するなど）といったところに議論が焦点化していく場合が少なくありません。しかし、そのような事例（情報）の切り取り方では、男児たちが実は影響を受けていたかもしれない保育室内の他のコーナーのようすや状況はわからないのです。つ

第7章　遊び保育の振り返りに有効な記録とは

まり、これまで主流となってきた記録による議論では、遊び状況を成立させている関係性が読み取れず、その幼児を取り巻く、モノ・人・場の関係性やさらにクラス全体の遊び状況をどう改善していくかという保育課題の根本的解決に対する示唆は望めないと考えられます。保育者は一人の幼児のみを対象に保育を遂行しているわけではありません。モノ・人・場の関係性の上に成立する集団や群れのようすを読み取りながら、個の主体的な姿を支えなくてはならないのです。保育の全体状況が読み取れない記録では、集団を対象としながら個々の幼児の主体的な姿を支えるという難題を抱えた保育者の現実的で根本的な問題の解決を促すことは難しいといえます。

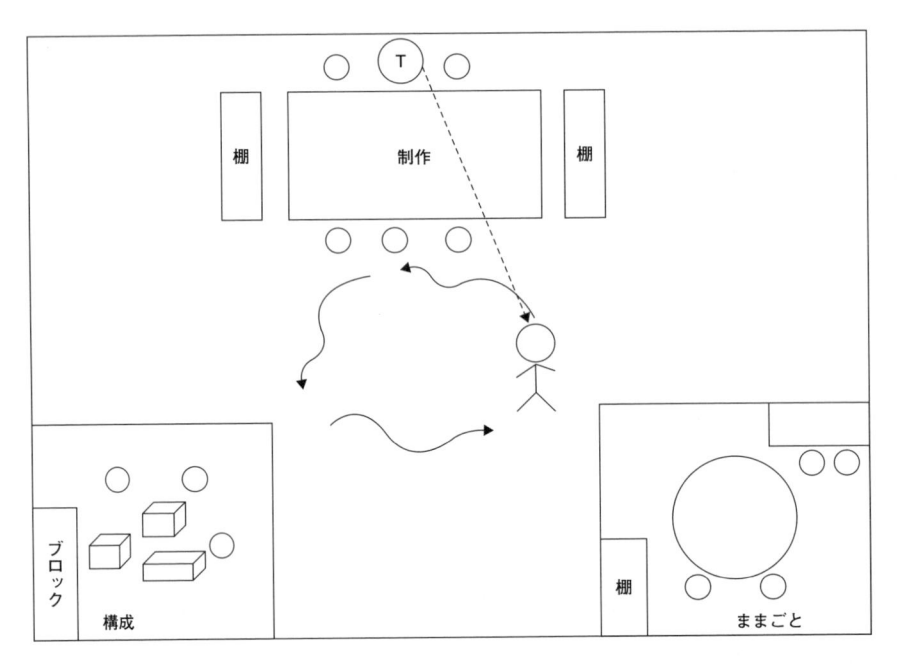

図7-1-1　浮遊している子どもとまわりのコーナーや保育者との関係性を示した環境図例

図7-1-1のように、その状況を生み出している部屋全体のモノ・人・場のようすを書くだけでなく、それぞれのコーナーの遊び状況や浮遊している子の目線なども書かれると、より上記の課題が解決されやすくなるでしょう。

> 参考
> ➡渡辺桜「集団保育において保育課題解決に有効な園内研究のあり方－従来の保育記録と保育者の「葛藤」概念の検討をとおして－」教育方法学研究、2014、p.39、p.37-47

(2)振り返りに有効な保育記録の条件

　前項でも述べたように、遊び状況を成立させているモノ・人・場の関係性を把握することが、個や遊びを理解する上で大変重要です。したがって、全体状況が把握できる環境図を描き、モノ・人・場の位置や向きなどを視覚的に把握することと、それぞれの遊び状況を読み解くためにモノ・人・場の関係性を文章でも記載することが大切です。

　環境図＋文章によって全体状況が明らかになってはじめて、記録者にとって「気になる子」がなぜ記録者にとって気になる存在なのか、もしくは「気になる」存在にならざるを得ない状況がどのようなモノ・人・場の関係性から生み出されているのかが分析可能になるのです。

　ここで、ある園の園内研究のまとめで示された環境図を取り入れた記録の描き方を見てみましょう。

　この図7-1-2（本書p.110）の環境図には、第6章で紹介した指導案と同様に、保育室内の全体環境図と子どもの動線が示されています。それぞれのコーナーには、棚やキッチン台など、子どもたちがかかわるモノの位置も示されており、それが遊び状況にどのような影響を与えるのかという物的環境からの振り返りを可能にしています。また出入り口も記載されていることで、ここに生じる動線の影響も考えられる図となっています。また、保育者の位置も示されていることから、保育者がこの時、援助の優先順位をどこに置き、どのような援助をしていたのか、何を思っていたのかという人的環境についても振り返ることができるものとなっています。その環境図をもとに、具体的なモノ・人・場のかかわりのようすを文章で示していることから、視覚的にもわかりやすい環境図となっているといえるでしょう。

第7章 遊び保育の振り返りに有効な記録とは

〈製作の場では〉
・製作コーナーは保育室の奥中央に設定する。保育者も製作コーナーに座り、じっくり物とかかわるようにしながら、クラス全体の遊びを把握したり他コーナーにいる幼児からも保育者がどこにいるか分かるようにしたりする。また、遊ぶ場が離れていても時々目線を送り、幼児が保育者の存在をいつでも感じられることで安心して遊びを楽しめるようにする。
・幼児が目的を持ってじっくり取り組めるようにする。
・幼児が目的を持てずにいる時は、保育者がモデルとなり製作コーナーで黙々と作って遊ぶ姿を示していく。

〈積み木・構成遊びの場では〉
・年長児後半では、自分達が製作で作ったもの(空き箱や牛乳パックで作った車、ペットボトルのふたで作ったこま等)を使って遊べる場作りが必要なので幼児の思いを聞きながら構成していく。
・何回も繰り返し楽しんでいけるように、友達同士で励ましあったり認め合ったりする雰囲気作りに心がける。

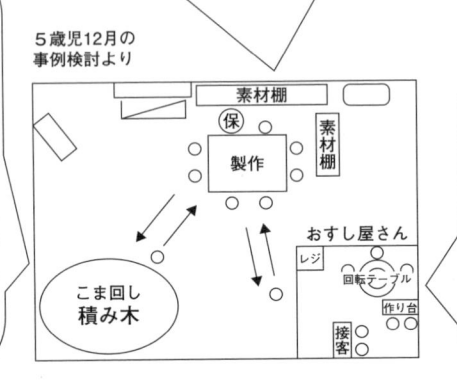

5歳児12月の事例検討より

[環境図：素材棚、製作コーナー、こま回し・積み木、おすし屋さん(レジ、回転テーブル、作り台、接客)]

〈ごっこ遊びの場では〉
・友達とイメージを共有化するためには役割がはっきりすることが必要。例えば、お寿司屋さんごっこでは、回転寿司屋の役割にあった帽子・エプロンなどを用意する。
・寿司を作る人、接客する人、レジの人などそれぞれの役割を保育者がモデルになって示したり、役割がスムーズにいくような導線作りをしたりする。

図7-1-2　環境図

> **参考**
> 環境図については、
> ➡渡辺桜　吉田龍宏　渡邊明宏「保育者の自己形成を図る現職教育の方法―保育現場と大学の連携による方法論の検討―」名古屋学芸大学教育方法等研究経費報告書、2013、資料1より引用

2. 保育記録の具体例

　本書p.112に保育記録例を挙げています。これは、4歳児9月の記録です。環境図には、保育室内のコーナー設定と共に、遊びの場をつくっている棚やじゅうたんなどについても記されています。また、保育者や子どもたちの位置や動線も示され、それらを時系列に示しながら、その時の状況（モノ・人・場のかかわりのようす）が表の右側の子ども・保育者の言動に記載されています。

　このように、全体状況を把握していれば、この中の個や遊びに焦点化して分析をしたとしても、どのような関係性によってその個や遊びの状況が生じているのかといった要因に迫りやすくなるのです。

　従来の記録検討は、この全体状況の関係性の把握をせずに、いきなり保育者や研究者の主観で「気になる子」に焦点化してしまっていたのです。明日からの保育において、具体的に環境や援助をどうしていったらよいかを探ることが子どもたちの遊びを豊かにし、保育者の保育を楽しくするといえます。

ワーク

保育記録を書いてみよう！

　全体状況を撮影した保育ビデオ映像を視聴し、本書p.112の保育記録を参考に、園内の先生方で環境図と保育の読み取りを書いてみましょう。

　同じ場面を見ていても、書き方の工夫や見方にはそれぞれのカラーがあります。そのよいところ探しをして、より明日の保育にいかせる記録の書き方を探ってみましょう。

第7章 遊び保育の振り返りに有効な記録とは

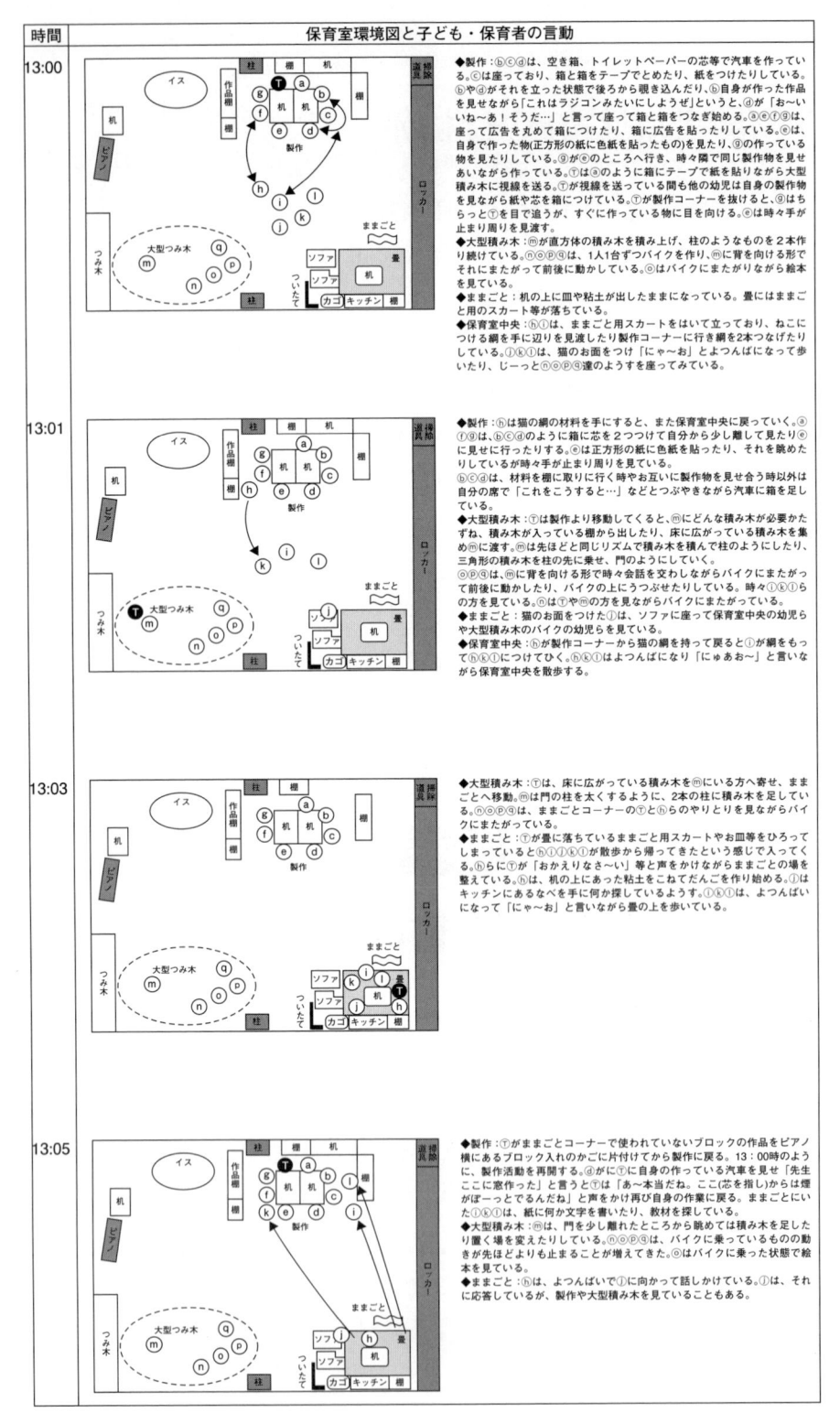

時間	保育室環境図と子ども・保育者の言動	
13:00	(環境図)	◆製作：ⓑⓒⓓは、空き箱、トイレットペーパーの芯等で汽車を作っている。ⓒは座っており、箱と箱をテープでとめたり、紙をつけたりしている。ⓑやⓓがそれを立った状態で後ろから覗き込んだり、ⓑ自身が作った作品を見せながら「これはラジコンみたいにしようぜ」というと、ⓓが「お〜いいね〜あ！そうだ…」と言って座って箱と箱をつなぎ始める。ⓐⓔⓕⓖは、座って広告を丸めて箱につけたり、箱に広告を貼ったりしている。ⓔは、自身で作った物（正方形の紙に色紙を貼ったもの）を見たり、ⓖの作っている物を見たりしている。ⓖはⓔのところへ行き、時々隣で同じ製作物を見せあいながら作っている。Ⓣはⓐのように箱にテープで紙を貼りながら大型積み木に視線を送る。Ⓣが視線を送っている間他の幼児は自身の製作物を見ながら紙や芯を箱につけている。Ⓣが製作コーナーを抜けるとⓖはちらっとⓉを目で追うが、すぐに作っている物に目を向ける。ⓔは時々手が止まり周りを見渡す。 ◆大型積み木：ⓜは直方体の積み木を積み上げ、柱のようなものを2本作り続けている。ⓝⓞⓟⓠは、1人1台ずつバイクを作り、ⓜに背を向ける形でそれにまたがって前後に動かしている。ⓡはバイクにまたがりながら絵本を見ている。 ◆ままごと：机の上に皿や粘土が出したままになっている。畳にはままごと用のスカート等が落ちている。 ◆保育室中央：ⓗは、ままごと用製作スカートをはいて立っており、ねこにつける綱を手に辺りを見渡して製作コーナーに行き綱を2本つなげたりしている。ⓘⓙⓚⓛは、猫のお面をつけ「にゃ〜お」とよつんばいになって歩いたり、じーっとⓝⓞⓟⓠ達のようすを座ってみている。
13:01	(環境図)	◆製作：ⓗは猫の綱の材料を手にすると、また保育室中央に戻っていく。ⓐⓕⓖは、ⓑⓒⓓのように箱に芯を2つつけて自分から少し離して見たりⓒに見せに行ったりする。ⓔは正方形の紙に色紙を貼ったり、それを眺めたりしているが時々手が止まり周りを見ている。ⓑⓒⓓは、材料を棚に取りに行く時やお互いに製作物を見せ合う時以外は自分の席で「これをこうすると…」などとつぶやきながら汽車に箱を足している。 ◆大型積み木：Ⓣは製作より移動してくると、ⓜにどんな積み木が必要かたずね、積み木が入っている棚から出したり、床に広がっている積み木を集めⓜに渡す。ⓜは先ほどと同じリズムで積み木を積んで柱のようにしたり、三角形の積み木を柱の先に乗せ、門のようにしていく。ⓝⓞⓟⓠは、ⓜに背を向ける形で時々会話を交わしながらバイクにまたがって前後に動かしたり、バイクの上にうつぶせたりしている。時々ⓜⓝⓞⓟらの方を見ている。ⓡはⓉやⓜの方を見ながらバイクにまたがっている。 ◆ままごと：猫のお面をつけたⓘは、ソファに座って保育室中央の幼児らや大型積み木のバイクの幼児らを見ている。 ◆保育室中央：ⓗが製作コーナーから猫の綱を持って戻るとⓙが綱をもってⓗⓚⓛにつけてひく。ⓗⓚⓛはよつんばいになり「にゅあお〜」と言いながら保育室中央を散歩する。
13:03	(環境図)	◆大型積み木：Ⓣは、床に広がっている積み木をⓜにいる方へ寄せ、ままごとへ移動。ⓜは門の柱を太くするように、2本の柱に積み木を足している。ⓝⓞⓟⓠは、ままごとコーナーのⓉとⓗらのやりとりを見ながらバイクにまたがっている。 ◆ままごと：Ⓣが畳に落ちているままごと用スカートやお皿等をひろってしまっているとⓗⓘⓙⓚⓛが散歩から帰ってきたという感じで入ってくる。ⓗらにⓉが「おかえりなさ〜い」等と声をかけながらままごとの場を整えている。ⓗは、机の上にあった粘土をこねてだんごを作り始める。ⓙはキッチンにあるなべを手に何か探しているようす。ⓚⓛは、よつんばいになって「にゃ〜お」と言いながら畳の上を歩いている。
13:05	(環境図)	◆製作：Ⓣがままごとコーナーで使われていないブロックの作品をピアノ横にあるブロック入れのかごに片付けてから製作に戻る。13：00時のように、製作活動を再開する。ⓓがⓉに自身の作っている汽車を見せ「先生ここに窓作った！」と言うとⓉは「あ〜本当だね。ここ芯（ここを指し）からは煙がぽ〜っとでるんだね」と声をかけ再び自身の作業に戻る。ままごとにいたⓚⓛは、紙に何か文字を書いたり、教材を探している。 ◆大型積み木：ⓜは、門を少し離れたところから眺めてはⓘに積み木を足したり置く場を変えたりしている。ⓝⓞⓟⓠは、バイクに乗っているものの動きが先ほどよりも止まることが増えてきた。ⓡはバイクに乗った状態で絵本を見ている。 ◆ままごと：ⓗは、よつんばいでⓘに向かって話しかけている。ⓘは、それに応答しているが、製作や大型積み木を見ていることもある。

図7-2-1　保育記録例

Lesson 4

遊び保育を保障する園内研究

　子どもが笑顔で楽しく遊ぶ…そんな保育がしたいと保育をするだれもが思っています。でも、自分の保育が話題となることに、ちょっとためらう気持ちはありませんか？先生方がそういう保育ができるように力になりたい…けど、どうすれば先生方が前向きに研修に取り組めるのか？と思っている園長先生・主任先生もいらっしゃるのではないでしょうか。

　この章では、遊び保育の理論にもとづいて、保育実践の向上を目指して保育者集団自身が前向きに取り組むための園内研究のポイントについて考えてみましょう。

Lesson 4

第8章 子どもも保育者も輝くための園内研究のヒケツ

1. 園内研究の目標とは？

「集団保育って難しい…何をポイントにしてディスカッションすれば明日の保育に具体的なヒントとなるんだろう」
「意見が出しやすい園内研究にしたいのに、若い先生の意見が出ない…」
「保育に悩んでいる担任保育者は保育そのものが楽しくなさそう…どう接したらよいのだろう…」
などといった声を、保育現場の先生方より耳にします。保育実践の当事者としての担任保育者の悩み、担任保育者の悩みに寄り添う主任先生の悩みなどそれぞれの立場によっても悩みの中身や質は異なることでしょう。その悩みを共有し、園内で解決しようとする試みが園内研究です。

- 主体的に遊ぶってどういうことなんだろう？遊びが充実するってどんな姿？
- 子どもが遊ぶようにするには、何をどうすればいいのかわからない
- 研究会ってどうやって進めるの？話し合いが活発になるにはどうすれば…
- 悩んでいる担任の先生にどのようにアドバイスしたらいいだろう…（不安）

　園内研究の目標は、園内の先生方の保育に対する考え方の共有と、担任の先生が明日からの保育で「こうしてみよう！」と一つでも具体的に思えることです。しかし、それは、実践をしている担任保育者自身が「もっと子どもたちが楽しく、主体的に遊ぶことのできる環境ってなんだろう？」「私の援助って本当にこれでいいのかな

?」という「成長の必要感」からスタートしなくてはなりません。このことは、保育において、子どもたちが自ら考えて遊びを選び楽しむことと同じく、「教えられてやる」のではなく、「自ら気づき試してみる」ことが重要となります。

担任の先生は、園内研究で意見を求められた際に、何となく保育がうまくいっていないように思っていても、どこが課題なのかがわからないと、どのように自分の悩みを語ったらよいのかがわからないのではないでしょうか。また、主任先生や園内研究のリーダーの方々は、担任保育者に気づいて欲しい点があってもストレートに「こうしてみたら？」といってよいのか、担任の先生の悩みに寄り添いながら、保育を豊かにする園内研究にするにはどうしたらよいのかなどについて悩まれていることが多いのではないでしょうか。

2. 園内研究の方法

それでは、具体的な園内研究の方法について考えていきましょう。

これまでの筆者の園内研究、公開研究講師としての経験から、園外の保育講師を含め、園内の主任先生や園内研究リーダーなど、一連の園内研究のコーディネーター的役割を果たすことのできる方が存在する場合には、図8-2-1の6つの手順を踏んでいくと効果的であると実感しています。ただし、日頃の保育において、この6つをすべて行うことは困難です。ビデオ撮影をして、時間の合う幼児の先生だけ、乳児の先生だけで映像を観て…とか、園内研究と形式ばらなくとも、時間のある時に保育室でロールプレイをしてみる…など、"つまみ食い"も積み重ねれば、大きな成果になります。

①保育観察 → ②ビデオ撮影 → ③保育状況の読み取り（子ども理解を含む）

⑥担任保育者から ← ⑤ロールプレイ ← ④ディスカッション

図8-2-1　園内研究の手順（例）

> 参考
> → 渡辺桜　吉田龍宏　渡邊明宏　「子どもも保育者も輝くための園内研のヒ・ケ・ツ！」名古屋学芸大学学長裁量経費パンフレット　2014

第8章　子どもも保育者も輝くための園内研究のヒケツ

(1) 保育を観察しよう

まずは、実際の保育を観察します。その見方は、次のような流れになります。

全体→かたまり→場→仲間→個→全体

　担任ではない第三者が実践を観察する場合、往々にして、自身の主観で「気になる場」「気になる遊び」「気になる子」にいきなり焦点化し、「あの遊びは消滅しそうなのにどうして担任の先生はかかわらないのかしら」「あの子は遊びが見つからないで浮遊しているのにどうして担任の先生は声をかけないのかしら」という見方をしがちです。しかし、担任の先生は一人もしくは複数で集団の子どもたちを対象に保育をしているのであって、いろいろな場や個々の子どもが気になったとしても援助の優先順位を考えて実践せざるを得ません。だからこそ、保育を観察する第三者も担任の先生と同じ立場に立って保育を観察するということが大切になるのです。

図8-2-2　保育観察のようす

ワーク

保育を観察しよう！ 自分が担任だったら…

　生の実践を観察することが難しければ、主任先生がビデオを撮影（撮影のポイントは次項参照）し、複数の先生方とその映像を見ながら、それぞれの遊びの状況をどう読み取るのか、その根拠は何か、その根拠をもとに、自分だったらどのような優先順位で遊びにかかわり、環境や援助を考えていくかということを出し合ってみましょう。その上で、自分たちの考えた援助の優先順位と担任の先生の援助とが違う場合、そこに担任の先生の思いやこだわり、悩みの要因がある場合が多いのです。

ワーク

写真から遊び状況を読み取ろう

　写真を通して、遊び状況の読み取りをしてみましょう。読み取りの際には、必ずその根拠が大切です。たとえば、「ままごとコーナーは少し遊びのイメージが弱くなっている。このままだと遊びが消滅するかもしれないからできれば早めに保育者がかかわれるとよいかも。なぜなら、ままごとのごちそうやお皿などがままごとコーナーの床に落ちているし、子どもたちのフリが豊かに出ていないから…」といったようなことです。

図8-2-3　ブロックコーナー　　　図8-2-4　ままごとコーナー

(2)ビデオを撮ろう

　ビデオを撮る際はなるべく全体状況が把握できて保育の邪魔にならないところで撮影しましょう。ただし、撮影者の裸眼で全体状況を把握し、撮影ポイントを探るために、カメラアングルはカメラを撮影者の胸のあたりに設定し、保育の全体状況は撮影者自身の目で確認しましょう。

図8-2-5　ビデオ撮影のようす

　次に、ビデオの撮り方の視点は、次の4点です。

❶ 保育室全体の状況
　保育室内の全ての拠点がなるべく入るようにしましょう。

図8-2-6　保育室全体の撮影例

❷ モノ・人・場の関係性の有無が読み取れる場面

図8-2-7　ままごとコーナーの撮影例

❸ 保育者が遊びに入る－抜ける前後の遊びのようす

図8-2-8　製作コーナーの撮影例

第8章 子どもも保育者も輝くための園内研究のヒケツ

❹ 保育者との話題にしたい場面

たとえば、「見る⇄見られる」関係性が保障されていないコーナー設定や保育者の身体的援助よりも言葉が多いと保育者が抜けた後消滅・停滞してしまうコーナーの遊びなど、保育者との話題にしたい場面があれば撮るようにします。

> 5歳児7月の自由遊び中の保育室内です。この写真やみなさんの保育室をもとに、自立的な遊びを保障するコーナー同士の見る⇄見られる関係性や、拠点性について考えてみましょう。

> 3歳児7月のラーメン屋さんごっこの場面です。ラーメン屋さんやお客さんのイメージを明確にする人的・物的環境について考えてみましょう。

図8-2-9　保育者との話題にしたい場面の撮影例

なお、主要な撮影対象場面は以下の通りです。
①自由遊び（室内・戸外）
②お集まり（手遊び・歌・読み聞かせ・話し合いなど）
③行事

図8-2-10　室内自由遊びの撮影例

図8-2-11　戸外自由遊びの撮影例

図8-2-12　お集まりの撮影例

第8章　子どもも保育者も輝くための園内研究のヒケツ

①会のはじまり　　　　　　　　　　②職員劇

③会の振り返り・まとめ　　　　　　④クラスごとに星のしずくをいただいて
　　　　　　　　　　　　　　　　　　クラスに戻る

図8-2-13　行事の撮影例（七夕会）

(3)ビデオを観ながら対話しよう

　ビデオを視聴しながら、担任保育者が状況を語ったり、自身の悩みについて語ったりします。また、担任以外の保育者が遊びの状況や担任の思いを質問したり、よかったところを具体的に挙げていくことにより、担任保育者に寄り添う雰囲気が高まっていきます。

　その際、担任保育者の指導案も参考資料として参加者で共有するとよいでしょう。なぜなら、指導案には、その保育者のこだわりや思い、悩みだけでなく、悩みの要因が隠れているからです。たとえば、お店屋さんごっこを盛り上げたいという思いが保育者の言葉がけという援助によってたくさん記載されている場合、どうしても担任の思いが先行しすぎて、担任がそのお店屋さんにかかわっていないと遊びが停滞・消滅してしまうということがあります。こういった担任の思い入れが実は子ど

もの主体的な遊びを弱めているということが、指導案や担任保育者の語りから明らかになれば、その思いを受け止めつつ、「子どもが主体的に遊ぶにはどんな環境と援助がよりよいのか」という点で他の保育者も含め、知恵を出し合うことができるのです。

図8-2-14　ビデオの視聴とディスカッション

(4) ロールプレイをしてみよう

保育者が遊びの仲間として、子どもと同じようにモノとかかわることの大切さが頭でわかっていても、それを実践することは大変難しいです。そこで、子どもが帰った後の保育室で、実際にその保育室にあるモノを使って遊んでみましょう。そうすると、これまで気づかなかったモノの量、大きさ、位置、扱いやすさなど、新たな発見があるものです。

子どもになって遊んでみよう！

図8-2-15　ロールプレイ

第8章　子どもも保育者も輝くための園内研究のヒケツ

コラム
ロールプレイをしてみた保育者の気づき

①ままごとコーナーで遊んでみて…
「乳児には、扱いやすい小さなお椀やお皿ばかりがよいと思っていたけれど、これでごちそうをまぜたり盛ったりすると、フリが小さくなってしまって、楽しくないということがわかったわ。」

②製作コーナーで遊んでみて…
「製作コーナーに座って、ままごとコーナーを見てみたら、ままごとコーナーの中のようすがあまり見えないことに気付いたわ。ままごとコーナーを高い棚で囲い過ぎていたのね。」

(5) 園内研究を終えて

　園内研究が終わった際、その日の研究対象となった担任保育者に、「今日の園内研究を通して、明日からこうしてみよう！と思う具体的な環境と援助があれば教えてください。」と聞いてみてください。1つでも具体的で前向きな環境と援助についての語りが聞かれれば、その園内研究は成功だったのではないでしょうか。

> 参考
> ➡渡辺桜　吉田龍宏　渡邊明宏　「保育者の自己形成を図る現職教育の方法―保育現場と大学の連携による方法論の検討―」名古屋学芸大学教育方法等研究経費報告書、2013

Lesson 4

第9章 園内研究を進めるポイント

1. 園内研究を進める時に大事にしたいことってなに？

　前章では、園内研究をどのように進めるかについて、事例や写真をもとに具体的に紹介しました。ここでは、保育者集団自身の話し合いが豊かに行われるためには、そのプロセスの中でどのようなことがポイントとなるのかを整理したいと思います。

(1)「こんな園内研究をしたい」〜でも、どうすればいいの？

　もし、あなたの園でこれから園内研究をはじめるとしたら、どのような園内研究がよいでしょうか。あるいは、参加したくないと思うのはどのような園内研究でしょうか。

- 自分の保育の困っていることを考えるヒントを見つけたい
- でも、自分の保育を見てもらうのって緊張する
- 研究会でどんなことを話したらいいかわからない
- 先輩の先生の保育について意見をいうのはちょっと…
- 保育に悩んでいる後輩にアドバイスしてあげたいなあ
- でも、いい方が悪くてかえって不安になったらどうしよう

第9章　園内研究を進めるポイント

　こうした保育者の思いは、園内研究をはじめようとする時によく出てきます。保育者は、子どもたちが楽しく遊び、生活するためによい保育がしたいという思いとよい保育のために勉強していきたいという願いをおそらくみなさん持っていらっしゃるでしょう。保育が前向きに、楽しくなるような話し合いだったらだれもが積極的に参加するでしょう。しかし、いざ話し合いとなると、不安や悩みがあるようです。

　こうした不安や悩みは大きく分けると次の2点ではないでしょうか。

❶保育を見たり話し合ったりする視点がわからない

　保育観察したり話し合いを行っていく時に、どのような視点で保育を見て、考えるとよいのかがわからないと、保育の映像を見ていても何を見ればよいのかはっきりせず、そのあとの話し合いも意見がなかなか出なかったり、それぞれ関心を持って見たところがかみ合わずに話し合いがうまく進まなかったりします。本書や「遊び保育論」では集団保育を考えるために必要な視点を提示しています。こうした視点に立って保育を振り返るようにすると、環境の構成や子どもの遊びの読み取り、保育者の動きを参加者で共有することができるため、参加者が互いに意見を出し合いながら、保育実践を考えていきやすくなります。

❷話し合う関係や雰囲気（人間関係）があるか

　人前で話をするのが苦手な人はいます。でもそれだけではなく、なんとなく職員が集まって話をする時になかなか意見が出てこないという状況はないでしょうか。

　保育者にとって保育所や幼稚園は職場ですから、園内研究に参加するメンバーは保育をする仲間であると同時に、上司と部下、先輩と後輩という関係があります。どうしても、職員同士の関係がつくられていないと、「先輩の前で思ったことがいえない」「意見をいったら先輩の保育を非難することになるのではないか」と後輩が思ったり、「後輩の保育に意見をしたら、傷ついてしまうのではないか」と不安になったりすることもあります。

　また、保育実践の中には身体の動きを伴うものも多くあります。こうした身体の動きは実践者自身が自覚していないことが多いのです。自分の動きを自覚できるようになってからこうした身体の動きを話題にした場合は、冷静に自分の姿について考えることができますが、無自覚の場合は不安になってしまうことも実際にあります。この場合は、無自覚な点について指摘されることへの不安という保育者の心情

に配慮する必要があるでしょう。

　いずれの場合においても共通しているのは、自分の保育について意見されても、他の人の保育についてコメントしても、お互いに保育をよくするためであると思う関係づくりが大切です。自分の存在を否定されているとか悪口をいわれているなどと思うような雰囲気の話し合いは、園内研究への参加自体を消極的にします。

　つまり、園内研究に保育者の積極的な参加を促すためには、幼稚園や保育所などにおける保育の実践を見て考えるための**キーワード（視点となる理論）**と話し合う雰囲気を持った**チームづくり（人間関係や心情への配慮）**が大切なのです。

(2) 保育者の積極的な参加を促すために大事にしたいこと

「遊び保育論」や本書で述べられている保育の実践は、その考え方を学び、実践にいかせるようにトレーニングすればだれもが行うことができます。1年目の先生が園内研究の話し合いや環境構成、保育者のかかわりを学ぶことで、素晴らしい保育実践ができるようになり、その保育実践を自分の言葉で語ることができるようになった例もあります。だから、経験年数やその人の感性などによってできる・できないに分かれるわけではないのです。**参加者全員が「みんな必ずよい保育実践ができる」そして「保育が楽しくなる」**と思うことが大事です。

　このことを強調したいのは、「私はセンスがないから」と落ち込んでいる保育者や「あの人は保育についてわからない人だから」と見切りをつけてしまっている人に出会うことがあるからです。こうした思いが出てくると、当然話し合いは後ろ向きのつまらないものになってきます。一人そういう先生がいれば、それが全体の雰囲気につながってきます。まさに**みんながよい保育ができるという思いを共有することは、園内研究の最も大事な出発点**なのです。

第9章　園内研究を進めるポイント

(3) よいところ探しをしよう

　前項で述べたように、他者の保育について意見をいうのは意外と緊張したり遠慮したりする傾向があります。こうした傾向をなくし、より活発に意見が出てくるようになるにはどうしたらよいでしょうか。

　保育者が積極的に意見を出し合って話し合うためには、ビデオや記録などの事例をもとに考える時、よいところ探しからはじめるとよいでしょう。よいところ探しの利点は次の通りです。

○保育のよいところは、悪いところや改善すべきところをいうよりも、意見が出しやすいものです。なぜなら、相手のよいところをいう時に、相手の心情を気遣う必要がないことです。よいところを出し合うことを通して、また、話し合いを通して互いに保育を学びあい、よりよい保育を目指していこうとする関係性や雰囲気がつくられます。すなわち、**話し合いの集団づくり**ができるのです。

○他の保育者のよい実践を直接あるいはビデオで見て、話を聞くことで、どのような保育をしたらよいのかという自分が目指すべき保育を具体的に学ぶモデルとなります。つまり**他者の保育を見てまねる観察学習の機会**になるのです。

○自分のよい姿を見たり聞いたりすることで、身体の動きとして自分が行っている**よい実践の具体的な姿と保育実践を考える理論とを結び付ける**ことができます。保育の実践は身体的な動きを伴うことが多いので、映像を通して普段見ることができない自分の動きのイメージを自分の中に意識化し、特によいイメージを頭の中で確立することがよい実践につながります。スポーツ選手が映像を通してイメージトレーニングすることと同じなのです。

○他者から自分のよいところを認められることで、実践者としての自信につながり、自分の保育の振り返りや**話し合いへの参加の積極性**が促されます。自らの事例についてできていない、よくないというコメントは、自分の動きをはっきりと捉えられていない場合ほど、それを改める方法を自分では見つけにくいため、自信喪失につながりやすいのです。こうした点からも、よいところ探しというアプローチは園内研究でとても効果的であると考えます。

【よいところ探しの一例】

◎子どもの姿

- 子どもが遊びに集中している
  目線と遊ぶモノや作業が一致している
- 子どもが群れて遊んでいる
  子どもの顔が群れの中心に向いている
- 課題のある子どものよい姿がある
  障がいのある子どもや不安定な子どもが落ち着いている

◎保育者の姿

- 子どもと一緒にいる時の笑顔や雰囲気…子どもが興味を持つ姿
- 保育者の目線…モデルとして遊びに集中する目線、他の遊びを見ようとする目線
- 子どもとの同調性が高い、「ノリ」を共有…手遊びや遊びの中で一緒に作業する姿
- 場を整える…散らかっている道具や材料を片付ける、コーナー入口の靴をそろえる

◎環境

- 遊びの拠点がはっきりしている…コーナーの道具・材料や棚・敷物の置き方
- 「見る⇄見られる」関係がつくりやすい環境…中央が空いている、棚など仕切りの高さ
- 落ち着いて遊ぶことができる環境…コの字型のコーナー、壁やすみの活用

子どもが遊びに集中しているね

第9章　園内研究を進めるポイント

> **ワーク**
>
> # よいところ探しをしよう
>
> A：①園の仲間の保育者とペアをつくります。まず、自分のよいところと相手のよいところを5つ書き出してみましょう（はじめ難しいようであれば、3つでやってみましょう）。
> 　②次にお互いに書き出したよいところを相手に伝えましょう。
> 　　この時、自分の書いていたものと一緒のものがあれば○をつけ、書いていないものはメモしましょう。
> B：保育者でペアになり、お互いの保育者としてよいところを（Aと重なる点もあるかもしれませんが）5つ書き出し、ワークAと同じようにしてみましょう。
> 　A・Bのワークは、園内研究でのよいところ探しのための、きっかけづくりのゲームとしての提案です。各現場において、工夫・アレンジしてください。

(4) 話し合いにキーワードを使ってみよう

　保育者同士よいところを見つけ出そうとする時、「子どもに優しい」「クラス全体へのかかわりが上手」という意見が出てきやすいのではないでしょうか。これらの意見は確かに、その先生のよいところではありますが、具体的にどのような場面か、なぜそれがよいのかということがより具体的になれば、その先生のよいところがさらによくわかります。

　話し合いの視点や保育で大切にしたいこと、目指す保育の姿などを保育者集団で共有する、あるいは保育の状況を参加者で共有するためには、参加者間で同じ言葉を使うことで、お互いの気づきや意見に対する理解や共感性が高くなります。そこで、キーワード（キー概念）を用いながら保育の省察や次への取り組みを考えるようにしてみましょう。こうした取り組みをすると、自らの実践に対しても、他者のよいところを探す時でも、キーワードが用いられるようになり、参加者間で保育を考えるために重要な視点（理論）が意識されるようになるとともに、それによって保育者の保育実践に対する見方が向上することで保育実践がよくなることにつながります。

　そこで、「遊び保育論」や本書Lesson3までに出ているキーワード（キー概念）を以下簡単に整理しておきます。

【子どもの主体的な姿を保障するために】

①環境

　・モノ・人・場がつながっていく拠点＝コーナー

　　＜モノ＞がきっかけ・つくり見たて→製作

　　＜　人　＞がきっかけ・フリ見立て→ごっこ

　　＜　場　＞がきっかけ・場の見立て→構成

　・「見る⇄見られる」関係を可能にするモノ・人・場の位置

　　コーナーの位置…部屋の中央を空ける、コーナーの出入口は中央に向ける

　　棚やコーナーの仕切りの高さへの配慮

　　保育者や子どもが活動する位置

②援助

　遊びの仲間としてモノ・人・場にかかわりながら全体を見る。

　・身体的援助

　　子どもの動きとの同調・応答、子どもとのノリの生成・共有

　　モデル性…子どものあこがれを誘う保育者の姿（動き）

　・言葉による援助

　　イメージを明確にする会話

　　遊びの中で質問・相談することで子ども自らのイメージを引き出す

　　オノマトペなどによるノリの生成・共有

【集団保育を考えるために】

①全体状況を捉える

　まずは遊びの群れのようすを捉える→その中の子どもの動きや関係が見えてくる

　遊びの群れ・コーナーのようすに環境と援助がどのように影響を与えているか

②援助の優先順位

　保育者の実践は1対集団、同時にはかかわれない→おまわりさんにならないように

　遊びの群れの状態を見ながら、どこから入っていくのかを考える

　急がば回れ…まずは、拠点の遊びの群れに援助する（気になる個々の子どもも拠点の遊びが落ち着いてくることで遊びに入りやすい）

③保育者としてそれぞれの遊びへの入り方・抜け方（かかわり方）を見出す

(5) 間接話法を上手に使ってみましょう

（3）のよいところ探しでも述べたように、保育者の実践は身体の動きを多く伴います。そのため、保育者の実践、特に自分の動きについてまわりから意見が出されると、場合によっては、自分の保育、さらには保育者としての自分自身が否定されているように受け止めてしまうこともあります。場合によってはというのは、たとえば何らかの理由によって（それが仕事との関連の有無にかかわらず）保育者自身が悩みを抱えていたり自分の保育に自信がないケース、職場の人間関係に不安を抱えているケースなどがあります。こうした場合には、自分の保育について話す時、あるいは自分の保育について見られる時、顔の表情がくもったり、発言が自己防衛的になったりすることがあるのです。こうした状況でも前向きに保育や話し合いに取り組む方法として、よいところ探しのほかに、間接話法で話すアプローチの仕方もあります。

園内研究における間接話法の主なものとしては次の3つがあると考えます。

❶モノや場からのアプローチ

保育者自身の動きについて直接話をするのではなく、モノの置き方や場の設定の仕方から話を進めます。たとえば次の事例を見てみましょう。

事例　落ち着かないブロックコーナー

4歳児まや先生のクラスではいつもブロックコーナーの子どもたちが部屋の中をうろうろと歩き回りはじめることがきっかけで他の遊びの子どもたちもだんだんと立ち上がって遊びが続かなくなることが多い。ブロックコーナーのようすを見てみると、ブロックを大きな箱に入れておいてあるだけである。子どもたちは箱の下にある車輪付きのブロックを取り出そうとして、箱を横にするため、箱の周辺はいつもブロックが散らかっており、子どもたちは床に座ってつくりはじめている。まや先生は子どもたちがブロックをつなげてすぐに動きはじめるため、その子どもたちの後をついて回って、他の遊びが崩れないようにかかわっている。

この事例を考える時、先ほどのキーワードで考えると、モノ・人・場それぞれに課題があります。たとえば、モノの置き方としてブロックを種類別に小分けすることで散らかる可能性が少なくなる、敷物を敷くことで場所がはっきりして子どもも持続して座って活動しやすくなる、先生が追いかけ回るのではなく、ブロックをさらに工夫してつくったりそれを使って遊んだりするモデルを示すなどのアプローチが考えられます。他者がこの実践の課題を述べる時に、モノの置き方や敷物などの場の設定など、保育者の身体の動きから遠いところから話した方が、聞き手に受け入れられやすくなります。なぜなら、子どもの後追いは子どもがより落ち着かなくなる可能性もあるのですが、そのこと自体まや先生が意識しているかはわからないからです。自分の無意識な行為に対して否定的な意見を出されると、自信喪失や意見を受け入れたくないと感じることが多くあります。批判的な意見を述べる時は、自覚しにくい身体の動きではなく、まずは**環境などの問題点から次第に保育者の動きへ**という「外堀から攻める」流れをつくるとよいでしょう。

❷子どもの姿を共有するところから入る

　これは、モノや場からのアプローチと同じで、各拠点での遊びの姿や子どもの状況、子どもの思いを読み取るところから入っていくアプローチです。たとえば、ビデオを見ながら子どもの姿を確認していく、どのようなことに興味を持っているのか、だれが遊びの中心となっているのかなどを話していく中で、どのような援助が必要なのか気づくきっかけを見つけていきます。もちろん、その中で先生のよい動きは伝えていくとよいのですが、いきなり先生の動きのダメ出しはしないということです。

第9章　園内研究を進めるポイント

❸比喩や他者の実践事例を使って話す

　保育者の動きについて話をする時、その保育者のよいところを見つけて説明できればよいのですが、たまたまよい場面に出会えなかったということはあります。その場合、他の先生のよい事例を紹介することで、具体的に「よい具体例」を提示することも一つの方法であると思います。また、わかりやすい他の園の事例やビデオを用いることも一つの方法です。

　実際の園内研究の話し合いでは、キーワードやキー概念をわかりやすくイメージするために比喩を用いることもよくあります。あわせて強調する役割があります。たとえば次のような比喩を用います。

「保育室は舞台、保育者は女優（俳優）」

　『お水の花道』というテレビドラマのセリフをモチーフにして考えたたとえです。保育者は常にまわりから見られ、その役割を自分の姿を通して演じているという点で役者と共通しています。また、役者は私生活でどんなにつらいことがあっても、舞台に上がったらその役を演じるという点や舞台上は緻密に設定された世界という点も保育と共通します。

「保育者のモデルは読者モデル」

　自分も同じようにできる、少しがんばればできそうと感じられるのが雑誌の読者モデルです。保育者の遊びのモデル性も子どもがやってみたいと思うには、自分もできる、やれそうという内容であこがれを誘うことが重要であることを説明するたとえです。

「コーナーの棚は台所の食器棚と同じ」

　使う人がどこに何があるかわかり、取り出しやすいように配置されている食器棚を例として、コーナーの棚などにモノをどのように置くのかを説明する時に用います。

> **参考**
> ➡渡辺桜　吉田龍宏　渡邊明宏　「子どもも保育者も輝くための園内研のヒ・ケ・ツ！」名古屋学芸大学学長裁量経費パンフレット　2014
> ➡吉田龍宏　「園内研究への研究者のかかわり方〜討議場面における講師のスーパーバイザー的な役割」東京学芸大学修士論文　2000

(6) まずは「やってみよう」

　まじめに保育の実践を考えようとしている保育者ほど、講師や園長・主任のアドバイスについて、自分の中で論理的に十分納得や理解をしないと行動に移せない方がいます。しかし、気づいたことやアドバイスされたことの取り組みを重ねることで、子どもの姿や自らの実践を十分に捉えることができ、その理論的必要性を理解することができた例はよくあります。

　本書p.132で取り上げた事例のまや先生はその後、ブロックコーナーにマットを敷き、ブロックの箱も大きさや種類で分けるようにしました。そうすると、子どもたちがその場所で落ち着いて遊ぶようになりました。また、ブロックが散らかっていることも少なくなりました。こうした子どもの姿の変化を見ることで、アドバイスされたモノや場の設定の大切さを具体的に深く理解することになりました。また、子どもの遊びが落ち着いたことで、どのようなイメージで遊ぼうとしているのかが見えるようになり、まや先生自身のかかわりを考えることができるようになりました。

第9章 園内研究を進めるポイント

　子どもの姿がよくなると保育者の見取りや援助の見通しが精緻になることにつながります。ですから、気づきやアドバイスに前向きに取り組む姿勢が大切です。

コラム

「書きもの」は後

　園内研究を進める中で、指導案や記録の書き方についてその具体性や実践とどのくらい一致しているのかを問題にされる先生がいます。

　「遊び保育論」や本書の中でも考えてきたように、集団保育の中で子どもの理解と環境や援助という保育者の実践はつながっているものです。環境や援助の工夫によって子どもの遊びが持続し充実すると、保育者の子ども理解は深まります。その結果よりよい環境や援助を考え実践することができ、ますます遊びが充実して子どもをしっかりと見てかかわることができるのです。こういう子ども理解・環境構成・保育者の援助のよい循環を生み出すことで、保育実践と結びついたよい指導案や記録が書けるようになるのです。つまり、指導案や記録という「書きもの」は、保育がよくならないと実際の保育に沿ったものは書けないのです。

　よく公開研究に向けての取り組みではじめからよい実践記録を集めようとしたりいきなり文章を書かせたりする場合がありますが、保育実践の向上から取り組んだ方がより効果的で実際の保育に役立つ研究の取り組みとなるはずです。

　また、自身の保育がまだ十分に見えていない時に、記録や指導案で書いてある子どもの姿や援助が具体的でないという指摘ばかり受けてしまうと、見えていない中で、何をどのように書けばよいのかわからず、保育者の自信喪失につながることもあります。こうした点からも、まずは保育者が自分で保育が見えるように、また、それを書くことができるように保育者を援助すべきです。

(7) 担任の立場に立って考えよう

　自分が担当するクラス以外の保育を観察したりビデオで見たりしている場合、「なんで今あそこに入ってあげないのか」「この子になぜかかわってあげないのか」という質問、あるいは質問に寄せた担任のかかわりに対する批判を述べる方がたまにいます。

　しかし、そういった発言をする前に思い出してほしいのです。保育者は集団を対象にしているのです。そしてその集団の中で同時にさまざまな遊びや活動が展開されています。こうした発言は木を見て森を見ずの典型です。つまり、クラスの全体状況の中でそれぞれの遊びを見ていくという視点が欠けている場合が多いのです。担任の先生はクラスのそれぞれの遊びの状況を見る中で、それぞれの遊びを診断し援助に入る優先順位を決めているはずです。このような保育実践の当事者の立場に立って考えるならば、同じような場面を見た時でも、たとえば「この場面で先生がこのコーナーにかかわっているのはどのような思い（＝状況の読み取り）からなのか」という保育者の読み取りの確認から入るのではないでしょうか。

　第8章で園内研究は保育者の悩みから出発するとしましたが、それを含めて、園内研究の参加者は「自分が保育者だったらどのようにこの状況を捉え、そしてどのようにかかわるだろうか」という当事者の立場に立って、考える姿勢を大切にすべきであると思います。

2. 保育者の悩みの状況に応じたアプローチをしましょう

　これまで述べたように、幼稚園や保育所という制度の中で、保育者は一人で多くの子どもたちを対象とした実践をしています。一人でいかに集団を対象として保育を実践するのかを構想したものが「遊び保育論」であり、本書においてもLesson2～3で基本的な考え方を紹介しました。本節では、こうした集団を対象とした保育実践を保育者が学び習得する過程を追って、それぞれの時点における保育者の悩みの状況に対してどのような園内研究のアプローチが考えられるのかを見ていきます。

第9章　園内研究を進めるポイント

(1) 遊びの読み取りがわからない…保育が楽しくない状況の時

　園内研究の取りかかりなどの時点を想定してみましょう。Lesson2〜3で述べたような子ども理解・環境構成・援助を関連づけてクラス全体の状況を把握し援助の順位や見通しを考えることやそれぞれの遊びの拠点（コーナー）におけるモノ・人・場のつながりについて保育者がまだ気づいていない、わからない状況です。そのような保育者の事例を次に紹介しましょう。

事例　環境構成の仕方がわからない3年目直子先生

　3年目で3歳児を担当する直子先生は子どもの遊びが盛り上がるようにクラスでいろいろな遊びの場を用意して保育にのぞんでいる。しかし、子どもたちの遊びは定着せず、クラスの中を動き回る子どもが多い。直子先生は遊びが続いてほしいと思い、子どもが「きて」と呼びにきたままごとに入っては子どもたちと会話をして出されたおもちゃの食事を食べるフリをし、製作で子どもが一人になるとつくっている子どもに声をかけている。しかし、先生がいろいろなコーナーに声をかけて回るほど、先生についてくる子どもが増えてきて、直子先生はどうしたらよいのかわからず悩んでいる。

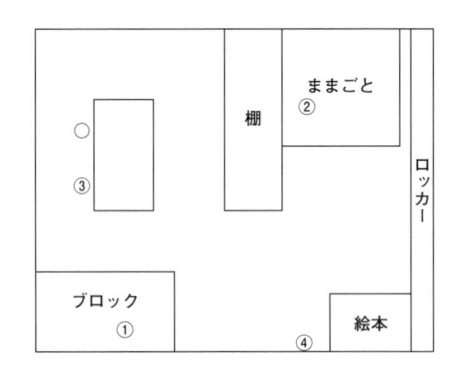

保育者の動き
①⇒②⇒③⇒④⇒①

　この事例ではクラス全体の見取りと援助をするために、どのように環境構成・援助・子ども理解を考えていけばよいのか直子先生はまだわからず、それぞれの遊びが持続しないために各コーナーを回り歩くこと（おまわりさん）になっています。

　直子先生は集団保育を実践するための視点として環境構成・援助・子ども理解の関係性をまだつかんでいないし、それぞれの遊びにおけるモノ・人・場のつながりもまだ把握していません。そのような状況で、たとえば動き回ることや保育者のモデル性がないということを伝えても、子どもたちの遊びが見えないために不安になって動き回ってしまい、またどのようなモデルを演じればよいかわからずますます悩んでしまうことになりかねません。

　そこで、第1節でも述べたように、まずは直子先生のよいところを見つけ出しま

しょう。直子先生の立場に立って考えてみると、保育室内のそれぞれの遊びがどれも落ち着いて遊んでほしいと考えて、一生懸命遊びに入っています。つまり、直子先生は自分が気になったところだけに入るのではなく、クラス全体の遊びを充実させることが自分の役割であるということに気づいているのです。これは、集団を対象としていることを意識しているという点で、担任保育者として大事なことです。

それにもかかわらず悩みが出てくるのは、それぞれの遊びをじっくりと見て、さらにはかかわっていきたいけれども、子どもの遊びが落ち着かないからです。そこで、「子どもの遊びが落ち着く状況を考えてみましょう」ということで、間接話法としてまずは保育室の環境構成の検討から入っていきます。

ここで、「見る⇄見られる」関係を保障することや拠点におけるモノ・人・場の関係について考えていくのですが、直子先生のような状況の保育者に対しては、直接保育者と一緒に環境を再構成するとよいと思います。実際に環境を保育者と一緒につくってみると直子先生自身が一つのコーナーに入りながら他の場所の遊びを見ることができる、そしてそのコーナーの子どもたちからも直子先生を見ることができるので安心感が得られることを実感することができるはずです。そして、環境の再構成のプロセスの中で、コーナーの位置や棚の高さ、置き方を工夫することとその理由を伝えていきます。その時も間接話法は有効です。たとえば他にすでにこうした取り組みをして子どもたちの遊びが落ち着いている先生がいれば、その先生の事例を用いて説明するとよいでしょう。もし、そうした事例がすぐに思いつかない場合は比喩や子どもの理解から入るのも方法の一つです。たとえば、高い棚があって他の遊びが見えないと、高い塀に囲まれているようで先生や友だちの存在が感じられず、取り残されたような不安を感じるといったことを伝えてみましょう。

図9-2-1の写真は実際に環境の再構成をする前と後です。こうして環境を再構成

before → after

図9-2-1　環境の再構成

することで、子どもたちが落ち着いて遊ぶようになると、保育者がモノ・人・場の関係や子ども理解と環境・援助の関係性に気づく状況が整います。

次に、遊びの読み取りがわからない状況の別の事例を紹介します。

事例　特定の子どもだけ気になる15年目真紀先生

　真紀先生は15年目の保育者である。途中育児休業で6年間休職しており、昨年この幼稚園に復職した。意見をはっきりいうタイプではないが、自分の保育のやり方には自信を持っているようで、周りからのアドバイスを取り入れることは少ない。

　保育終了後の園内研究で、真紀先生が自分の保育について振り返る順番となった。すると、真紀先生から「ままごとのAちゃんは指導案にも書いたとおり前から気になっている子で、落ち着きがなく…」「B君はいつもモノの取り合いをする。今日も自分の気に入ったブロックをC君から取り上げてけんかになり…」といったように、自分の特に気になっている子どものことをずっと話しはじめた。確かに、保育実践を撮影したビデオでは、真紀先生が話したような場面は観察された。しかし、真紀先生自身、自分の気になった子どものところにずっとかかわったり、気になる子どものことは見ているが、他の遊びに対してはあまり目線を向けたりかかわったりしていない。もちろん、他の遊びが充実して続いていればすぐにかかわる必要はないのであるが、製作の子どもたちは手が止まっておしゃべりしたりコーナーから出たり入ったりしたりする子どもがおり、ごっこ遊びもAちゃんがいなくなると先生も抜けていくが、その後遊びが続いていないのである。しかし、その子どもたちのようすは真紀先生の振り返りの中には出てこない。

この事例は、遊びの読み取りがわからないという状況ですが、真紀先生自身はそのことについて思い悩んでいるようすはないのです。真紀先生が振り返りの中で悩みとして出しているのは（指導案で書かれていることからも考えると）、日常的に保育の中で真紀先生が気になっている子どもへのかかわり方です。その振り返りの内容を見てみると、AやBなど気になる子どもの姿については驚くほど詳細に語っています。たまにCのようにBとかかわりがある子どもについては登場しますが、他の子どもについては登場しません。それは、他にいるはずの周りの子どもだけではなく、事例の子どもたちがかかわっているモノや場とのかかわりも出てこないのです。

　つまり、真紀先生は集団保育を考えるための子ども理解と環境構成・保育者の援助の関係性やモノ・人・場のつながりについて、自らの実践を自覚的に振り返っていないのです。クラス集団全体の状況を把握しなければならないということはスローガンとしては思っているかもしれませんが、具体的な行動としてはあまり自覚していないのです。

　真紀先生のような場合には、どのようなアプローチが園内研究で考えられるでしょうか。

　経験もあり、自信も持っている真紀先生のような人に対して、その人のよいところばかりを伝えるだけでは、上記のような自覚されていない点に目を向けてもらうことはなかなか難しいことも多いのが実際です。そこで、こうした先生に試みたいくつかの例を紹介したいと思います。

○まわりの先生のよいところをほめる

　外堀を埋めるようなやり方ですが、まわりの先生のよいところ、特に真紀先生に気づいてほしいような点を他の先生が実践したり発言したりした時に、そのことを積極的に取り上げて、ほめることをします。このような取り組みを続けることで、自分も変わらなければならないと感じるように促すのです。

○他の先生のよいところを分析してもらう

　他の先生のよいところを撮影したビデオを用意し、それについて真紀先生に分析してもらいます。まず、主任先生やリーダーの先生が真紀先生よりも前に同じような場面でよいところを示してなぜよいのかを説明します。次に、真紀先生に他の先生のよいところを見つけてもらい、理由を説明してもらうのです。直前によいところ探しのお手本を示すことで、同じようなよいところを探すことを促します。そして、他の人のよいところを見つけることができれば、それを自分の実

践を見た時に振り返るきっかけとなります。最後に真紀先生のビデオを見て感じたことを話してもらいます。真紀先生がポイントとなることに気づいたら、よいところとしてほめます。

○直接本人の実践のビデオを見る

　先の2つを含め、さまざまなアプローチを試みてもうまくいかなかった場合に、真紀先生の実践でポイントとなる場面を撮影したものを本人と園長・主任（撮影者）だけで見る機会をつくりました。その際、あらかじめ「こういう視点が保育を考える上でとても大切。だから今日のビデオの振り返りはこの点に着目してみんなで見ていて発見したことを出していきましょう」といった感じで、視点を限定することで、気になる子どもの話題の方にそれていかないように、方向付けをしました。

　ただし、いずれの場合においても共通なこととしては、真紀先生自身が園内研究に対して前向きになってもらうことがなければ変わっていかないということでした。学ぼう、やってみようという気持ちがないと、どれだけ工夫したとしても、相手に伝わらないのです。前述の通り、こうした前向きに取り組む雰囲気をつくることも園内研究を進める上では大事な条件となります。

> **CHECK!**
>
> ## ビデオ撮影の注意
>
> 　自分の保育をビデオで撮影されることは、大きなプレッシャーでもあります。直子先生のような時には、撮影すること自体に慎重を要することもあります。撮影することで保育者が実践の中で不安定になったり、見た結果自信喪失になったりしては逆効果です。
>
> 　ビデオを撮影する時にはあらかじめ園長・主任や園内研究のリーダーともよく相談し、また担任保育者にもあらかじめ撮影する了解を得るようにしましょう。保育を見る中で、撮影することに保育者や撮影者自身が不安を覚えるようだったら、撮影は次の機会にしてもよいのです。
>
> 　他の先生のビデオを見て、よいところ探しから考えていくということがわかると、撮影することに前向きになってきます。それから撮影して学びを深めていけばよいのです。

(2) 見える・気づく状況の時

　見える・気づく状況とは、子どもの姿や自分の保育実践のようすが見えてくる、遊びの中のモノ・人・場のつながりに気づくように保育者がなってきた状況です。保育者自身が製作コーナーに座って、つくることに集中している時、はじめは自分がつくっている手と材料しか見えないこともあります。しかし、次第に遊びのモデルとしてその場で振る舞うことに慣れてくると、自分のつくるものだけではなく、自分のまわりでつくっている子どものつくるようすが次第に目に入ってきて、やがて他のコーナーのようすにも目が向けられるようになってきます。いいかえれば、保育者が遊びに入る中で「全体を見なくては、でもそれぞれの遊びも見てかかわらなくては」とあせって見回している状況から、遊びに入りながら自然にまわりが目に入ってくる状況です。

事例　遊び状況が見えはじめた山本先生

　4歳児担任の山本先生は園内研究でも積極的に自分の振り返りの中でキー概念を自分の言葉（表現）で発言するようすがみられる。今年度も年度当初から昨年度学んだ環境構成にもとづき、遊びの環境づくりをした。今日の保育のようすを見ると、遊びはじめは製作コーナーに座って自ら遊びで使うものをつくるとともに、製作コーナーの子どもがつくりはじめると目線をごっこや積み木に向けて全体を把握しようとする姿がみられる。

　最近の山本先生の悩みは積み木である。製作やごっこは盛り上がっている。自分でも、具体的にどのようなかかわりをするとよいのか、指導案で考えることもできる。しかし、積み木はどのようなことが楽しいのか、なぜ遊びが途中で終わってしまい、子どもがいなくなってしまうのかわからない。また、自分が遊びにどのようにかかわればよいのかという見通しが立てられないでいる。

　しばらく保育のようすを見ていると、やはり、積み木の子どもたちの動きが停滞しはじめている。今日は車をつくっているが、できあがってしまった車に最初は乗るものの、次第に飽きているのである。すると、同じ時のごっこのようすを見ているとごっこの動きも停滞している。おもちゃのごちそうがごっこの場の中に落ちて広がっており、子どもたちも動きがなかったり外に出ていったりしている。

第9章　園内研究を進めるポイント

「積み木だけどうして盛り上がらないのかなぁ」

　山本先生の事例では、環境を工夫し、子どもが落ち着いて自ら遊びを展開することができるような設定の仕方や「見る⇄見られる」関係などに配慮しています。その結果、それぞれの遊びの拠点に子どもたちの遊びの群れができ、遊びだしています。これは子どもたちの中で、それぞれの遊びの拠点におけるモノ・人・場のつながりが一定程度了解されていることを示しています。その結果、山本先生はある程度だれがどこでどのような遊びを展開するのかという見通しを持つことができるので、製作コーナーに座って遊びにかかわりながら、目線を他のコーナーに向けて全体の遊び状況の把握に努めています。

　このように考えると、山本先生は「遊び保育論」や本書Lesson2〜3で述べてきたような保育を概ね実現していると思われます。それは、山本先生が保育の中で実践されていることと共に、自分の保育の振り返りの中で、「遊び保育論」のキー概念にかかわる内容を自分の実践と結びつけながら語っているということからもわかります。

　しかし、山本先生もすべての遊びの拠点で実現できているわけではないようです。それは、山本先生自身が悩んでいる積み木についてはある程度「うまくいかない」「どうしていいかわからない」という自覚があります。また、先生自身の振り返りには出てこなかったのですが、ごっこ遊びのおもちゃのごちそうは、遊びはじめてすぐにできあがりを楽しめるのですが、その後の遊びのフリがうまく見つからないため、面白くなくなっていることがコーナーの中の散らかりから伺えます。

　こうした状態の時にどのようなアプローチをするとよいのでしょうか。山本先生の場合、拠点やその時の状況によって、拠点の中のモノ・人・場のつながりの診断が深い場合とうまく捉えられない場合があります。山本先生自身の課題も事前に見せていただいた指導案で把握することができるので、まずこの日は他のクラスのごっこ遊びでよく遊んでいる姿を撮影し、続いて山本先生のクラスのごっこと積み木

が映るようにビデオを撮影しました。

　保育終了後の園内研究会では、まず他のクラスの先生のごっこ遊びの事例についてよいところ探しをするところからはじめました。お店屋さんごっこで廃材を使ってつくったお寿司で遊んでいる姿です。ここで、山本先生から「自分たちでつくっているから楽しそう」というよいところが出ました。

　その後、山本先生の保育を見た時、最初はごっこ遊びの話は出ませんでした。そこで積み木を考えるためにもう一度ビデオを見た時、参加者からの「ごっこ遊びはどうですか？」という問いに「イメージが薄くなっているかも」という気づきが出てきました。

　これをきっかけに、イメージが薄くなってきた原因は何かを話し合い、モノとのかかわりが薄くなってきているからそれを強くするための環境の用意や保育者のモデル性が必要であるという取り組みの方向性を導くことができました。そして、同じように積み木においても、つくったモノのイメージが強化するようにモノとのかかわりを通してフリ見たてを促していくとよいのではないかというアドバイスが参加者から出されました。

　このように、見える・気づく状況の時には、次のようなアプローチが大切です。
○見えたり気づいたりしている内容について、**キー概念・キーワードと具体的に結びつけながら話していく**。その時、よいところや気付いたところをほめながら話すとよい。
○しかし、全体状況に目配りしながら個々の遊びのモノ・人・場のつながりを見て、援助していくということについては、完全に捉えてわかる・できるという状況ではない。見えていたり見えてなかったり、気づいたり気づかなかったりする状況である。そこで、見えていない、気づいていないことについては**間接話法で具体的な事例やたとえを示しながら**、保育者がビデオや事例の中から課題をみえるようにしたり、これからの実践の中でどのように取り組んでいくとよいのかに気づいたりするような働きかけをしていく。
○その際、**ポイントとなる映像（本人あるいは他者）を繰り返し見る機会**があると気づきを促しやすいこともある。その点で**ビデオの撮り方**が重要になる。

(3) わかる・捉える・できる状況の時

　わかる・捉える・できる状況とは、保育者自身が集団保育の中で全体状況を見ながらそれぞれの遊びを見て、かかわることができる状況を指しています。この状況

第9章　園内研究を進めるポイント

においては、子ども理解・環境構成・保育者の援助が集団保育の中では相互に関係し合っていることなど「遊び保育論」の考え方がわかり、それぞれの遊びの拠点におけるモノ・人・場の状況を遊びやメンバーが変わってもしっかりと保育者が捉えています。したがって、(2)の時に比べて保育者がよりはっきりと援助の方針を判断し、それを実践することができます。

　この状況では、自分のクラスの遊び状況とそれに対する自分の実践の課題を具体的に振り返ることができ、その内容は実際の保育の姿とかなり一致しています。また仲間の保育者の実践を見ても、自分と同じように遊びの状況や保育者の課題を捉えることができます。

　保育者がこうした状況になったら、間接話法で話す必要はありません。保育者自身が課題を具体的な姿から捉えているので、保育を観察したりビデオで見た仲間からも直接的に環境や援助の在り方を話し合ったりして課題にどのように対処するのかを考えていけばよいのです。

　私が講師としてかかわった園の事例では、保育者がこうした状況になると、子どもが落ち着いているので、保育中でもそれぞれの遊びのようすについて話をすることができます。それは、話していても子どもたちの遊びが続いていくからです。保育者の子ども理解・環境構成・保育者の援助が適切になっていくので、遊びが充実し持続するようになった一つの姿といえるでしょう。

　また、研究会の中では、他の保育者の事例について、具体的にどういうところがなぜよいのか、あるいは他の保育者の悩みについて自分ならどのように考えるのかを話す機会をつくっていくとよいでしょう。

(4)保育者の状況の変化

　これまで(1)～(3)と順を追ってきた保育者の悩みの変化はプロセスであり、ある日突然に次の段階に進むというものではありません。日々の保育実践を積み重ねる中で、(1)と(2)、(2)と(3)を繰り返し往復する中で次第に次の状況になっていきます。

　したがって、ある時は見える・気づく状況だったが次の時はわからなくなったということはよくあることです。自分自身に落ち込まず、園長や主任も残念に思わず、こうした繰り返しを経験する中で次第に高次の段階に進んでいくということを再度確認して前向きに取り組むことが大切です。

> ここでいう保育者の悩みについては、たとえば小川の「保育援助論」で、また悩みの段階については、渡辺（2006）などに「葛藤」というキーワードで集団保育の制度的制約に存在する集団と個の問題に限定した保育実践上の悩みとして取り上げて研究している。
> また、園内研究における具体的な「葛藤」の分析の試みは渡辺・吉田他（2013）などでも事例分析を試みている。
>
> **参考**
> ➡ 小川博久　「保育援助論」　萌文書林
> ➡ 渡辺桜　「保育における新任保育者の「葛藤」の内的変化と保育行為に関する研究―全体把握と個の援助の連関に着目した具体的方策の検討―」
> 　　　　　乳幼児教育学研究第15号　2006
> ➡ 渡辺桜、吉田龍宏、渡邊明宏　「保育者の自己形成を図る現職教育の方法―保育現場と大学の連携による方法論の検討―」
> 　　　　　名古屋学芸大学教育方法等研究経費報告書　2013

コラム　園内研究の広がり

　ここまで述べている園内研究を進めるためのポイントや保育者の悩みに応じたアプローチの仕方は、園内研究以外の保育研修においても応用して活用することができます。

　たとえば地域の園が集まって事例検討をする場合や、自主研修会で保育の事例をもとに話し合う場合もあると思います。こうした時、たとえば事例の書き方や提案一つをとっても、環境図を取り入れる、全体状況を踏まえて事例を書くということは、集団保育をすることが前提の保育者が自分たちの実践を考える上で必要なことだからです。

　また、遊び保育論などのキーワード・キー概念は遊び保育を考える上で利用することで、事例の読み取りや話し合いが有効になることはもちろんですが、このキーワードやキー概念は一斉保育活動の事例においても有効に機能します。

　なぜなら、1対多数で同時に進行する活動に対して援助しなければならないということにおいては、遊びの場面と一斉活動には共通した保育者の悩みであるからです。「見る⇄見られる」関係づくりは、朝の会など一斉場面での先生の目配りや声のかけ方にもつながります。製作コーナーで群れて遊ぶような形になる机やいすの配置はそのまま一斉活動場面で子どもが活動のノリを共有するための環境構成を考えるヒントを与えてくれます。

　保育者の悩みの状況に応じたアプローチは話し合いをどのように進めていくのかを考える指針になるでしょう。また、事例の読み取りや保育者の発言から保育者の状況を理解することができれば、研修の企画・運営する側は課題を明確にし、研修の進め方を効果的に考えることができるでしょう。

第9章　園内研究を進めるポイント

コラム
公開保育の参加者の在り方

いくつかの公開保育研究会に参加させていただく中で、気になったのが参加者の保育を参観する時の姿勢です。

本章1節において、保育者の立場に立つことが、園内研究を進める上で大事であると述べました。このことは、話し合いの中だけではなく、保育を参観する時も同じことです。

保育者が「見る⇄見られる」関係を意識して環境を構成しているのにもかかわらず、コーナーの出入口に壁のように陣取る参観者、部屋の中央のスペースに数人で立っておしゃべりをしている大人たち、果ては、遊んでいる子どもに話しかけたり一緒に遊んでいたりする参加者もいます。

多くの方は保育を経験されている方ですが、もし自分が担任保育者として保育をしているときに、上記のようなことをされたらどうでしょうか。

ただし、こうした行為が見られるのは、保育者がどのようなことを意図して保育をしているのかということ、すなわちキー概念を知らないからかもしれません。

これに対して、渡辺桜氏は公開研究会の講師を引き受ける際、参観前の30分くらいの時間を使って、保育者がどのようなことを大事にして環境や援助を行っているのかを説明しています。これまでの講演を先に持ってきた形です。これも参加者が保育者の意図を共有して保育を参観する有効な方法の一つといえるでしょう。

3. 園内研究におけるリーダーの役割

　本節では園内研究を進めるリーダーの役割を考えます。ここでは園内研究のリーダー（保育を実践しているリーダー）、主任（保育実践していないリーダー）、園長の3つに分けて考えます。担任をしている主任は園内研究のリーダーでお考えください。

(1) 園内研究リーダーの基本的な役割

　園内研究リーダーはスポーツで考えると、チームのキャプテンです。キャプテンは自分自身も選手の一人であり、かつチームをまとめて勝利に導く重要な役割です。園内研究リーダーの場合、勝利とは園内のどのクラスにおいても、子どもの遊びが充実し、保育者は集団保育における子どもの主体的な活動を保障する環境や援助を理解し、それを保育の中で実践することができることです。そして、スポーツと共通することはもう一つ、その結果として、子どもも保育者も楽しくなるということです。

　それでは、園内研究のリーダーは、どのような役割を果たすべきでしょうか。

❶園内研究に積極的に参加するモデルになろう

　園内研究をはじめたばかりの時は、参加メンバーもなかなか積極的になりきれず、意見が出なかったり、事例提案を避けようとしたり、ビデオで保育を撮影されることに抵抗感があったりします。これは保育を実践しているリーダーも同じ思いがあるはずです。しかし、園内研究は他のだれのためのものでなく、**取り組んだ保育者が一番得をする（＝保育がよくなって楽しくなる）**のです。リーダーが「フォロー・ミー」の精神で、「私がやってみるからみんなもやってみよう」という姿勢が、参加者の積極性を促すよいモデルとなるのです。具体的にはこんなことをしてみましょう。

- ・自分がまず事例提案やビデオ撮影に名乗りを上げる
- ・話し合いの中で気づいたことや考えたことをすぐに実行してみる
- ・自分の保育に対する意見が出された時は「興味を持ってくれた」と捉え喜ぶ
- ・（外部講師がいる場合）わかりにくいところは積極的に質問をしてみる

　自分も担任ですから、本章1節で述べたように、話し合いで出たことをまず自分からやってみようという姿、そして特にその効果が実感できた時にはまわりの保育者の意欲につながります。まずはできることをやってみましょう。あなたがやってよかったと思うことは必ずまわりの人も思ってくれるはずです。

❷園内の保育者のよいところをいっぱい見つけて、積極的に声をかけよう

　園内研究リーダーになる保育者はおおよそ主任の次に経験が豊かな方が多いでしょう。そこで、同じ園の保育者の保育でよいところを積極的に見つけて伝えてあげ

第9章　園内研究を進めるポイント

てください。よいところを伝えていくことでお互いに保育について話し合う雰囲気や人間関係がつくられていきます。なるべく具体的な姿をほめましょう。抽象的であいまいなほめ方や甘やかしはよくありません。かえって、リーダーの気持ちが疑われてしまいます。**具体的なよいところを探して「すごい」「さすが」「すばらしい」とほめてあげましょう。**

　特に、ベテラン保育者からよいところをいってもらえるということは、自信とリーダーへの信頼につながります。その結果、リーダーがやろうとすることをみんなが受け入れたり、協力しようとしたりします。まねしてみたいと思うあこがれの気持ちも、こうした関係性から出てきます。

　また、後輩からの意見については、「なるほどね」や「そうかもしれない」と受け止めてあげることも有効です。たとえ違っていたとしても、はじめから否定しては意見が出てきませんね。

❸それぞれの保育者がどのような悩みを持っているのかを把握しよう

　よいところ探しなどの取り組みの中で、保育者同士で保育の話をする関係がつくられていくと、次第に保育で困っていることや悩んでいることが聞こえてくるようになります。園内の各先生がどのような悩みを持っているのかについて、具体的な内容を整理しておいて、話し合いで話題を結びつけたり質問を振ったりする際の参考にしましょう。

❹園長・主任とよく連携を取りましょう

　研修を進めるにあたっては、園長の園の経営方針があります。まず、それを十分に踏まえて、研修を計画していくことが必要です。

　実際に進める際には主任との連携を十分に取りながらすることが大切です。リーダー自身は保育をしていますから、他の保育者の保育を見に行くことはなかなか難しい場合もあります。保育者の保育を見て、ビデオを撮ったり課題を見つけたりすることができるのは主任が一番適任です。そこで、主任と打ち合わせをしながら、

園内研究の計画を進めていく必要があります。

特に、保育者の悩みを具体的に主任に保育の中で見てもらい、それについて話し合うことを通して、園内の保育者の状況についての理解を共有するとともに、どのように園内研究を進めるのかという見通しが出てきます。

(2)主任の基本的役割

保育の実践の責任者、保育者の取りまとめ役としての主任の役割はとても重要です。スポーツでいえば、ヘッドコーチです。園内研究が成功した園のほぼすべての場合において、主任の支えが大きく貢献しています。

それでは、主任は、園内研究の中で、どのような役割を担っているでしょうか。また、園内研究に保育者の積極的な参加を促すためにはどのような役割が求められるでしょうか。

❶参加者で保育を共有しよう

第8章で述べたように、園内研究の基本的な進め方の中でポイントになるのは、話し合いをするために担任保育者と保育の状況を共有するプロセスです。具体的には、ビデオや手書きで保育の状況を記録し、話し合いのはじめに参加者にその資料を提示して、状況を共有することです。

ビデオの記録の仕方は、第8章で紹介されています。もし、ビデオがない場合は、保育室の環境図を書き、その中に子どもや保育者の動き、遊びのようすなどを書き込んでおきます。この場合でも、デジタルカメラなどで状況がわかる画像があると、より具体的にイメージしながら話すことができるでしょう。

❷それぞれの保育者の悩みの状況を把握しよう

本章2節で保育者の悩みの状況に応じたアプローチの仕方について述べました。こうした悩みの状況は保育者の言葉として出されたもの（指導案・記録・発話）と実際の保育の中での姿を合わせながら、保育者一人ひとりの状況を診断していくことが大切です。もちろん、言葉と動きのいずれも大事ですが、それぞれの状況が一致しない場合は、どちらかが先行しているのです。

話していることは理論にかなったものだとしても、実践ではまだできていない場合は、「頭ではわかっているけど、体がついていってはいない状態」であると考えられます。もちろん、身体の動きは頭でわかっていてもすぐに修正できるものでは

ありません。そこにタイムラグは必ずあるのです。

　また、実践ではうまくできているけれども、言葉としてはまだそれが十分に出てきていない場合もあります。よいところをすぐに吸収できる点は優れているので、それを言葉を使って頭の中に整理できると、自分の中で意識化され、継続しやすくなります。

　よりよい園内研究を進めるためには、それぞれの保育者の悩み方や悩む内容をしっかりと把握することが大切です。そしてそれは主任の大事な役割です。

❸園全体の保育の悩みの状況を把握しよう

　園内研究は個人の学習ではありません。複数の保育者が集まって行われます。当然のことながら保育者同士の学び合いがあります。主任としては、それぞれのよいところと課題をしっかりと把握することとともに、その結果どのような話し合いの展開が期待されるのかという見通しを持つことが必要です。

　たとえば、新しい先生で環境の構成の仕方もわからない場合、「わかる・できる」先生を把握していれば、そのクラスのよいところを具体的に示しながら、考える視点を参加者で新しい先生に伝えていくということを計画することができます。

❹聞き上手、振り上手になろう

　保育者の悩みの状況や話し合いの雰囲気に応じて保育者に質問したり、他の保育者に意見を求めたりすると、保育者同士の対話が豊かになり、学び合いがたくさん出てきます。

　たとえば、保育者のよかった実践について、主任は実践を見ることでどのような工夫をしているのかわかっていても、担任に質問をすることで、周りの保育者が共有することができます。また、担任自身も自分の言葉で話すことで、自分の実践を自覚し理解を深めることができます。

　具体的には、ごっこ遊びが子どもたちからイメージが立ち上がってこないという悩みを抱えている保育者がいた時、ごっこが盛り上がっている別のクラスの先生と結び付けて「先生のクラスは〇〇ごっこですごく楽しそうだよね。どんなふうに遊びはじめたの?」「先生こんなふうに入って楽しそうだったけど、あの時どんな気持ちで入っていたの?」といったことを、主任が教えてもらうという姿勢で聞いていくと、聞かれた保育者も答えやすく、悩みを持った保育者もそれを聞いて具体的に考えるきっかけを見つけやすくなります。

❺リーダー・園長と連携しよう

　これまで見てきたように、主任はそれぞれの保育者の状況を一番把握しやすい立場になります。したがって、保育者集団の状況をしっかりと捉えて、園内研究に保育者が積極的に参加していくよう園長やリーダーとのネットワークをつくる役割があります。

　園長とは、どのような保育を目指し、それに向けてどのように保育者を育てていくのかという考え方を共有し、同時に保育者の状況を具体的な保育の姿をとらえてしっかりと伝えることが大切です。

　また、保育者の課題や話し合いの状況を踏まえ、園内研究をどのように進めていったらよいのかということを園長・リーダーと一緒に考えながら進めていきます。特に保育者の悩みについてリーダーから情報が伝わった時には、自分の見てきた姿と合わせながら、話し合いなどの機会にどのように進めていくのかを相談します。

　こうした園長やリーダーとの連携は、外部講師が参加する場合においては、講師との間でも同じです。加えて講師に保育者の日常の悩みや課題を伝える役割もあります。

(3)園長の役割

園長の役割について考えるにあたり、一つの事例を紹介します。

事例　理想に燃える園長先生

今年の4月から就任したばかりの園長先生。園長先生は自分の園で子どもがもっと楽しく遊んでほしいと思い、先生たちが学ぶ機会をつくりたいと思って園内研修をはじめました。いい園にしたい、先生たちに成長してほしいという理想に燃えていた園長先生は、園内研究や職員会などの機会に、自分の意見を述べたり、保育者に質問をしたりしました。しかし、3ヶ月が過ぎるころ、保育者たちは園長先生がいると段々と話さなくなり、特に園長先生が話しはじめるとだれも言葉を発しなくなりました。園長先生の意気込みは高かったのですが、結果として保育者同士の学び合いの姿が出てこず、研修に反発を持つ先生も現れました。

この事例、実は、筆者自身の昔の事例なのです。「自分も先生たちと同じように保育を学んできた。きっと先生たちももっといい保育をしたいはず。」「子どもが自分で遊ぶ姿がもっと出てくることを先生も目指しているはず…。」こういう思い込みと園長になったという気負いでうまくいかなかったことを覚えています。

もちろん、園長がよい保育をしよう、そのため先生たちが学ぶ機会や時間を保障しようと考えなければ、園内研究を行うことはそもそもないでしょう。しかし、園長というのは、主任や園内研究リーダーとはおのずから与えられている役割が違うのです。まずそのことを改めて整理するところから、園内研究における園長の役割について考えてみましょう。

❶そもそも園長という存在は…

公立園か私立園かによっても園長の役割は異なります。また、私立園でも園長が設置者を兼ねているかどうかによっても異なります。

多くの園で共通しているのは、園長には何らかの人事権があるということです。採用や人事考課まで担っている園長先生もいると思いますが、少なくともクラス担任の決定には多くの場合園長先生がかかわっています。さらに園の管理者として、保育の運営やその他の業務について一定の決定権を持っています。したがって園長の許可あるいは意向に反して保育や業務を行うことはできないのです。そのことを

保育者も承知しています。
　つまり、園長とは職員にとって園の中の権力者であるということです。誤解がないように補足すると、権力者といっても横暴であるわけではありません。しかし、園長が園内研究のテーマに反対すれば、その園では求めるテーマで研修をすることがほとんど困難です。
　園長が常に話し合いの中で発言し他の保育者が発言しない場合は、保育者から「結局園長先生が決める（意見をいう）から自分たちが意見をいってもしょうがない」と思われている可能性があります。これは園内研究でも同じことです。
　したがって、園長は園内研究の中では自分から先に意見をいうことを控えることが必要です。熱心な園長先生ほど、どうしても先に発言したい衝動が抑えられなくなります。しかし、保育者同士が話し合い、互いにモデルとなって学び合う姿を大切にしたいのであれば、自分の発言より他の先生が話す機会を求めるようにしましょう。

❷ほめる時はみんなの前で〜注意する時はなるべく主任を通して〜
　意見をいうことを控えるとなると、自分の意見はどのようにして保育者集団に伝えたらよいのでしょうか。そのためのよい方法の一つが、やはり**よいところ探し**なのです。よいところ探しは園長も同じです。園長がよいところとして紹介すれば、園長が何を大事にしたいのかを職員に伝えることができます。そのため、見つけたよいところをなるべく全員の前でほめるようにすると、他の職員も同じようにしてみようと思うのです。
　しかる時はその反対です。直接園長がしかってしまうと、職員としてはとてもプレッシャーです。園内の権力者である園長から悪い評価を受けたことは本人にはショックなことであることに変わりありません。次第に、悪い評価を受けないよう園長の顔色を伺って行動したり発言したりするようになります。このことが園内研究の活性化を阻害することはいうまでもありません。まして、子どもの前でしかりつけるということは、自信喪失にもつながるので絶対に避けなければなりません。
　気づいたことを職員に伝える時、よいことも気になることも一度主任の先生に話してからにすることも一つの工夫です。話すことで、主任から具体的な状況が報告される場合もあり、またどのように伝えていくのかを冷静に考える機会にもなります。園長ではなく主任から具体的な保育に沿って伝えるという選択肢も出てきます。そして話す中で園長の考え方が主任に自然に伝わり、考え方が共有され、安心して

第9章　園内研究を進めるポイント

任せることができる関係をつくることにもつながります。

❸園内研究の環境づくりは園長の役割

　用品の不足や部屋の使い方、環境構成に必要な物の用意は保育者一人でできるものではありません。購入するものは予算があり、集めるものは保護者の協力が必要になることが多いからです。また、何でも買いそろえることが園長の役割ではありません。必要なものが手に入らない時、どのように工夫すれば代替することができるのか、これまでの経験の中から導くことも園長としての役割です。

　そして、園内研究の時間づくりも園長の大事な役割です。

❹自ら率先して研修に参加して学ぶ姿勢

　話し合いの場では発言しなくても、園長自身が保育を観察し、遊びの読み取りや保育者の実践の状況、そして保育者がどのような悩みを抱えているのかをしっかりと理解することは大事です。また園のトップが学ぶ姿は取り組みに対する園長の本気度が職員に伝わります。そしてこうした理解は主任や保育者との課題を共有、共感するために必要であり、同時に次年度に向けての適材適所を考える上でも必要となるはずです。

　また、講師の先生がいらっしゃった時には、主任とともに一緒に講師の先生と保育を見て、遊びの読み取りや保育者の実践の分析の仕方を学ぶことが大切です。なぜなら、講師の先生がいらっしゃらない間は園長・主任が講師の役割を果たさなければならないからです。

(4)市町村や設置者の役割

　園内研修における設置者の役割は園長と同様にとても重要なものです。園長や職員がこういう保育をやりたいといっても、設置者の方針と合わなければ認められないことも多くあります。また、研修にかかわる予算を計上するにも、設置者の理解が欠かせません。

　公立園では市町村財政の悪化に伴い、各園の園内研究にかかわる費用が年を経るごとに削減されているところもあります。

　しかし、このような中で、保育実践にもとづく園内研修を豊かにしようとする動きが市町村の中で起きつつあります。

　愛知県の豊田市では、平成24年度にモデルケースとなった園で、市の保育課や

園長会の協力を得て公開保育研修会を行いました。研修会には市内の多くの保育者が参加希望をし、スペースの都合で断らざるを得ない状況にまで申し込みがありました。こうした結果を受けて、主任会主催の研修として平成25年度にはブロック別の公開保育研修会が各ブロック年2回開催されました。その結果、研修の振り返りや他の研修会の機会でも、集団保育を前提として子ども理解・環境・援助を考え、全体状況を踏まえながら事例を検討する園が急速に広がりました。また、豊田市内の保育園で、通常の園内研修会の際にも、近隣の園で参加希望者は来てもよいとオープンの研修会をする園が増えてきました。これも、一部の園長先生がはじめられたことが次第に広がっていった結果、市内全域にこうした学び合いの土壌が生まれつつあります。

　同じく愛知県の犬山市では、主任研修をきっかけに園内研究会、公開保育研究会を開催するようになりました。このきっかけとなった主任研修は、参加者の方の多くがあらかじめ「遊び保育論」を用意して（読んで）研修にのぞまれたそうです。そして、こうした保育実践の考え方を園長自身が共有した方がよいということで、25年度末には園長研修においても「遊び保育論」の内容をテーマにした研修が行われました。

　以前、公立園の園内研究の弱点として園長が代わるとそれまで積み上げた園内研究の成果が砂上の楼閣のように崩れ去るということがありました。つまり、園長によって保育の考え方が異なるからです。しかし、豊田市や犬山市の例だけではなく、今多くの市町村でこうした園の枠を超えた園内研究が広がりつつあることは、その市町村の保育として続いていく可能性を高く感じます。

　公立園でも私立園でもこうした**研修の成果が保育の実践として残っていくかは、設置者の理解と熱意**に大きくかかっています。私立園でも栃木県の認定こども園あかみ幼稚園では設置者でもある園長と職員の方の熱意により、遊び保育の実現に長く取り組まれ、その成果も発表されています。今後、さらにこうした園内研修の充実に向けた、園の枠を超えた取り組みが広がっていくことを願ってやみません。

> ・参考・
> ➡ 中山昌樹　小川博久編　「遊び保育の実践」ななみ書房　2011

コラム
自己評価・第三者評価と園内研修

　幼稚園・保育所いずれも自己評価や第三者評価などの取り組みが国から推進されています。子ども・子育て新制度のもとでの認定こども園でも、こうした制度が推奨されています。おそらくこれからの保育現場では、こうした自己評価や外部評価が制度として求められるようになるでしょう。

　しかし、第三者評価はあくまで自己評価の取り組みの一環です。自己評価した内容について、第三者が確認をし、必要以上に過大・過小評価している場合には、評価を修正することで、より適切な自己評価を促すための取り組みであると捉えることができます。したがって、基本は自己評価であることには違いありません。

　幼稚園や保育所などで最も基本となる自己評価は保育の実践に対する評価です。保護者など幼稚園や保育所に子どもを通園させる人にとって最も関心があるのも、保育の内容や保育者の実践がよいかどうかということです。その意味では幼稚園や保育所などにおける最も重要で最も意味のある自己評価の取り組みとは、実は園内研修に他ならないのです。

　これから自己評価や第三者評価をされる幼稚園や保育所の方にとって、自己評価票の作成のために、各評価項目について職員全員で検討し取り組むことはかなり大変であると思います。実際に私自身も第三者評価を受診した経験からそう思うのです。

　しかし、その時に思ったことは、保育者間の豊かな話し合いが自己評価の取り組みを通して生み出されなければ、指導監査と同じで、必要な書類やマニュアルを整え、それを職員に覚えさせて形だけつくって終わりになってしまうということです。つまり、職員がそれぞれの項目にもとづいて、自分の保育の実践を振り返る機会となり、そのことがよりよい保育実践を考えることにつながることが大切なのです。

　こうした保育実践の振り返り項目は、標準的な内容にしてしまうと、どうしても保育者の省察の振り返りを豊かにするよう工夫することが難しくなります。したがって、せっかく取り組む自己評価や第三者評価であるならば、本書で取り上げたような保育実践にもとづいた園内研究を十分に行い、保育の質も保育者間の話し合いの土壌もしっかりと高めてから望まれたほうが、より効果的であるでしょう。

実践レシピ

　Lesson1〜4の中でも事例を紹介しました。しかし、その中で紹介できなかった、明日からの保育や園内研修のヒントとなる実践例がまだまだあります。ここでは、本文の中で紹介しきれなかった遊び保育のさまざまな取り組みについて取り上げます。各園での保育実践を考えたり、振り返ったりする時の参考にしてください。

実践レシピ

Recipe① 1・2歳児の保育室の環境・教材・教具（本書p.50 ワーク）

　1・2歳児の保育室の環境に対する考え方も、基本的には幼児と同じです。3つのモノ・人・場がつながっていきやすい拠点（つくる・見立てフリ・構成）を「見る⇄見られる」関係が保障できる位置・数に配慮しながら設定します。1歳児であっても、どこに何があって、どんなふうに遊ぶと楽しいのかがわかれば、保育者に依存的にならずに遊ぶ姿が増えていきます。

(1) 保育室の環境アレコレ

図1-1　1・2歳児保育室全体1

　この保育室は、1・2歳児クラスのものですが、3歳児以上のクラスと基本的には同じであることがわかります。保育室の中央を空け、3つの場の拠点性が明確になるよう、製作、構成（ブロック）、ままごとがトライアングルの形で設定されています。この壁面を活用したトライアングルの形により、保育者は壁を背にして座れば、どのコーナーに入っても、保育室全体が把握できます。そして、離れた場にいる子どもたちに対して、まなざしによって「あなたを見ているよ」というメッセージを送るという援助も可能になります。

　ままごとコーナーには、コーナーを囲うように棚がありますが、保育室中央に向けた空間は空けているため、場の拠点性は確保しつつ、コーナー同士の見る⇄見られる関係性は保障していることがわかります。また、ままごとと構成はロッカーも有効に活用しており、子どもたちがモノ・人・場にかかわりながら十分に遊べる空間と、見る⇄見られる関係性を保障しているといえます。

図1-2　1・2歳児保育室全体2

▶ 160

(2) 保育室のコーナーの工夫アレコレ

❶ままごと

図1-3　1歳児ままごとコーナー全体

ままごとコーナーのスペースは、畳スペースの一部分を活用していますが、このようにままごとコーナーの拠点にゴザが敷いてあることによって、場の拠点性が一層明確になります。また、中央に食事をするためのテーブル、右側には料理をする作業台があることで、「食べるフリ」「つくるフリ」が存分に楽しめます。

キッチン道具がきれいに仕分けしてあり、絵表示もしてあることにより、1歳児であっても「せんせい、これだして〜。あれがほしい〜。」と保育者に頼らなくとも、自身で遊びたいモノを選び、片づけることを可能にします。

図1-4　1歳児ままごと棚1

図1-5　4歳児ままごとコーナー全体

これは、4歳児のままごとコーナーですが、基本的に大切にしたいことは1・2歳児と同じです。このままごとコーナーには、お家の雰囲気を高めるレースが天井につるされていたり、右端にあるキッチン作業台がコーナーの内側を向いていることで、コーナー内の見る⇄見られる関係性も保障されています。

実践レシピ

図1-6 1歳児ままごと棚2

このままごとコーナーの棚には、大きなボールがあることが特徴的です。どうしても1・2歳児の手は小さいから、小さなお皿や鍋を使用しがちなのですが、そうすると大きな動きで「まぜまぜ」といったフリができません。大きめのボールやお鍋とおたまや泡だて器などがあることで、リズミカルで大きなフリが生まれやすくなりますよ。もちろん、モノがあるだけでは、子どもは遊ばないことが多いです。保育者自身が楽しげに、リズミカルにそのモノを使ってゆっくり大きなフリを示していきましょう。

毛糸のポンポンは、時にはフルーツ、時にはパフェのトッピング、時にはカレーの具などいろいろなものに変身します。また、チェーンリングは、アルミのボールやお鍋に入れてかき混ぜるだけで「シャカ～ンシャカ～ン」とリズミカルな音がして、オノマトペを口ずさむのと同じような楽しさを体感できますよ。

図1-7 ままごとのごちそうに見立てるモノ

ままごとコーナーでは、お母さんやお父さん、コックさん、赤ちゃんなど、さまざまな役に変身して、見立てフリを楽しみます。その時に、役のイメージを明確にするシンボルがあることは、役になりきるモチベーションを高めますよ。

図1-8 1歳児ままごとでのシンボル
（鍋つかみ、エプロン、バッグ）

❷構成

図1-9　1歳児構成コーナー

大型積み木や連結を楽しむレールなどの場合は、敷物を敷くと、危険であったり、遊びが崩れてしまうことがあったりしますが、ブロックや小さな積み木の場合には、やはり敷物があると場の拠点性が高まります。写真のように、1歳児であっても、積み木で道路をつくり、車などを走らせるという構成遊びは十分楽しめますよ。

積み木などでつくった道路を既成の車などで走らせるという低年齢の遊び方から、4・5歳であれば、その車を自分たちでつくるという作業が入ることにより、試行錯誤する機会が増え、作業工程も増えて、遊びそのものへの思い入れが強くなります。

図1-10　1歳児構成の棚

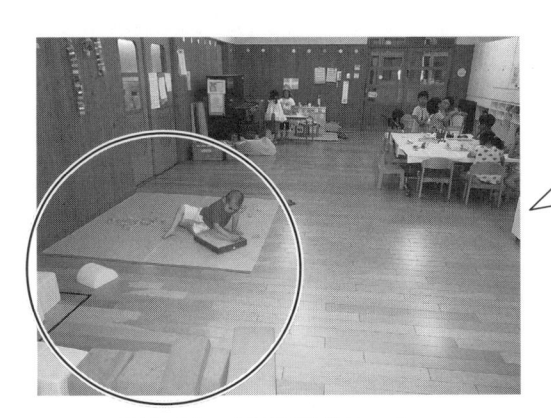

図1-11　4歳児構成コーナー

この保育室は、写真手前が出入り口、写真左側中央は隣のクラスとの通路になっていますが、通路は遊びの時間中は使用しません。したがって、なるべく部屋の中央を空け、機能別にコーナーを固めようとするとこのような位置取りになります。手前が大きなソフト積み木の構成、奥が小さな積み木による構成の遊びの場です。扱うモノの大きさは異なりますが、「場を構成する」という遊びの機能は同じであるため、見る⇄見られる関係性を保障し、同じ機能の拠点を近くに集めるという考え方からこのような構成の場がつくられています。

実践レシピ

❸製作（机を置き、イスに座ってじっくり作業をする場）

> 1・2歳児の製作コーナーは、3歳児以上とは異なり、必ずしも遊びに必要なモノをつくる場とは限りません。写真のように、ひも通しやパズルなども粘土や絵描きなどと同じ場にすることによって、「じっくり座ってモノとかかわる」遊びとして場が設けられますよ。この場の設定の仕方も、p.165の5歳児の製作コーナーと同じように、「ここはパズル」「ここはひも通し」「ここは粘土」と場をバラバラに設定する保育室をよく見かけます。しかし、たくさん場が増え、机が増えることで、空き家ができてしまったり、子どもたちの動線が混乱して落ち着かない保育室になってしまうことも…。一度、保育室を見直してみましょう。

図1-12　1・2歳児製作コーナー

図1-13　製作コーナーの教材・教具（粘土）

図1-14　製作コーナーの教材・教具（ひも通しとパズル）

コラム

狭い保育室…どうする?! before→after

「5歳児30人がこの保育室で生活するのは、狭すぎるんです…」などという声をよく聞きます。しかし、意外と、使用していない机が保育室の空間を占領していたり、子どもにいわれるがままに、または、なんとなく空いている空間がもったいなくて、拠点をたくさんつくりすぎているために、空間の本当の意味での有効利用ができていないことが多いのです。

図1-15　before

> これは5歳児28人が在籍するクラスの保育室です。この写真を見ると、（保育室が狭いな〜）と感じられるかもしれません。なぜ狭く感じるのでしょうか？それは、製作コーナーの机がたくさんバラバラに設定されているからです。よく「ここは絵の具を使う場」「ここは粘土」「ここでは箱製作」など、素材や遊びの目的によって、つくる場を分けている保育室を見ますが、「遊びに必要なモノをつくる」という作業に変わりはなく、見る⇄見られる関係性と拠点性を保障するための場の構成の工夫が必要になります。

> 製作の場を一つにまとめたことにより、「ここは遊びに必要なモノをつくる場」という場の拠点性が高まりました。また、奥にあるお店屋さんも見やすくなり、保育室内全体の見る⇄見られる関係性と、それぞれの場の拠点性が高まったことがわかります。そして、さきほどの狭くごちゃごちゃした感じが否めなかった保育室が広くすっきりしましたね。

図1-16　after

実践レシピ

コラム
3つのコーナーじゃなきゃだめなの?!
3つの基本拠点＋季節限定という発想 （本書p.77 ワーク）

　しっかりモノ・人・場がつながっているクラスであれば、年齢が上がれば上がるほど、3つの基本拠点＋○○ごっこという形になります。このことについて、4歳児4月より3つの基本拠点で保育を展開してきた事例をもとに考えてみましょう。

　4月時点の3つの拠点では、遊びに必要なモノを製作コーナーでつくるという姿を保育者自身が意識して示していました。ある時、「お腹が空いたな～。おうち（ままごとコーナー）で食べる焼きそばをつくろうっと」と、つぶやきながら、紙や毛糸などで焼きそばをつくり、それができあがると、ままごとコーナーへ持って行って食べていました。そのようすを見ていた子どもたちの中には、保育者と同じように、おうちで食べたいものを製作コーナーでつくるという姿が見られるようになりました。それは次第に、友だち同士でごちそうをつくり、アイデアを出し合う姿にも発展していきました。

　このようにモノ・人・場が徐々につながっていくと、11月頃には、つくったごちそうをお客さんに食べてもらいたいという声が子どもたちから上がり、「お店屋さんごっこ」へと発展していったのです。その「お店屋さん」の構えを大型積み木や段ボールでつくる姿もありました。このように、3つの基本拠点で、しっかりとモノ・人・場とつながりながら遊びを継続・発展させていった場合、○○ごっこがプラスαとして出現することはある意味自然な流れであり、それが子どもたちの育ちであるといえます。

　したがって、「必ず3つの拠点でなくてはならない」のではなく、3つの基本拠点＋季節限定という発想で、3つの基本拠点は常設し、季節限定の○○ごっこや正月遊び、カードゲームなどは、遊びの時期が終わったら撤去するということです。

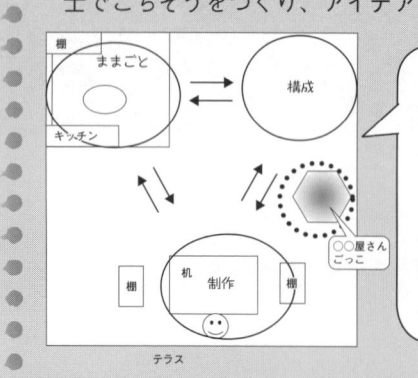

　3つの拠点（◯）は、トライアングルの形であり、これは通年変わらないことが大切です。それは、子どもたちにとって「ここでは○○ができる」という場の認識が定着するからです。そのトライアングルを保障しながら、季節限定のお店屋さんごっこ等（⋯）を設定し、子どもたちのようすを見ながらその場の再構成や場の撤去を構想してみましょう。

Recipe ② 遊び

(1) 3つのコーナーからの発展（本書p.77 ワーク）

❶お店屋さんごっこ

ここでは、まず、お店屋さんに共通していえることを押さえましょう。

遊びに必要なモノを製作コーナーでつくるという視点から考えると、図2-1で示したようなモノが想定されます。発達過程に即して、すべて子どもたちで作成するのか、保育者がつくっておくのか見極めましょう。ただし、基本的には、1・2歳児であっても、シールを貼るなど、自分たちでできることを行い、手を加える作業工程を入れていくことが、遊びへの思い入れの強さにつながっていきます。

【お店屋さん】

お店のアーチ

ケーキ屋さんの
エプロンとケーキ

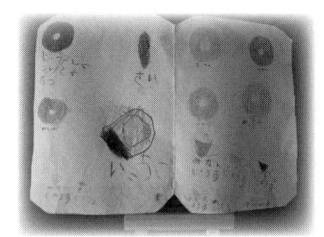

メニュー表

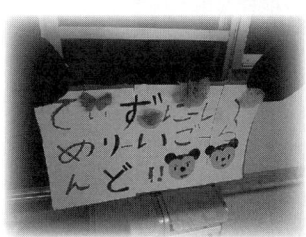

お店の看板

レジ

【お客さん】

かばん

> お客さんにも遊びのシンボルがあること、そのシンボルをつくる楽しみがあることは、遊びに対する思いを強め、試行錯誤ができる余地を得る上でも、とても重要です。お店屋さんにお客さんが来ないというジレンマはこれで解決されることが少なくありません。お客さんのシンボル…買い物をするための「お金」、お金を入れるための「おさいふ」、おさいふを入れるための「かばん」など、子どもたちのアイデアを活かしながらシンボルをつくってみましょう。

図2-1　お店屋さんごっこに必要なモノ

実践レシピ

　次に、つくったモノを使って、見立てフリを楽しむために、ままごとコーナーまたは積み木や段ボールでつくったおうちで、つくったモノを食べたり、身につけたりします。

　このように、それぞれの場（コーナー）が同じイメージでつながっていった場合、〇〇ごっこに発展していくのです。

> これは、5歳児のドーナツ屋さんです。手前に売り場と会計をするレジがあり、売り場のシンボルとして華やかなアーチが飾られています。ドーナツ屋さんは、お店屋さんのシンボルとして帽子をかぶり、トングを使って、お客さんからの注文のドーナツをはさんで袋に入れて販売したり、奥のイートインコーナーで注文を受けたりします。お客さんは、メニュー表を見て注文したり、ドーナツ屋さんの雰囲気を楽しみながらその店内のテーブルでドーナツをいただくこともできるのです。

図2-2　5歳児ドーナツ屋さん

お店屋さんといってもいろいろあるので、具体的に見ていきましょう。

❷お寿司屋さんごっこ

　今では、回転寿司が子どもたちにとって、身近ですよね。回転寿司の場合、どうやってお寿司を回転させるかが、このごっこのおもしろさになるでしょう。過去、筆者が見た事例では、新幹線の上に、お寿司が乗って来るものや、中華の円卓のようにクルクルとテーブルが回るようにしたものなど、おもしろい実践がたくさんありました。

図2-3　本物そっくり！回るお寿司！！

「回るお寿司にしたい！」という子どもたちの声をきっかけに、担任の先生と5歳児の子どもたちとで、本当に回るお寿司をつくったそうです。お寿司は、色画用紙や梱包材などを使って、子どもたちが一つひとつのお寿司を時間をかけて、ていねいにつくりました。

子どもたちの経験から、「スタンプカードがあると、お客さんが喜ぶよね」というアイデアが出ました。「お店屋さんを演じるのは楽しいけれど、お客さん役がなかなか続かない。保育者がお客さん役をやれば続くけれど、抜けると続かない…」という声をよく聞きます。「どうしたらお客さんが楽しめるか」ということも、子どもたちと一緒に悩むといろいろな作業工程を増やすきっかけとなるかもしれませんね。

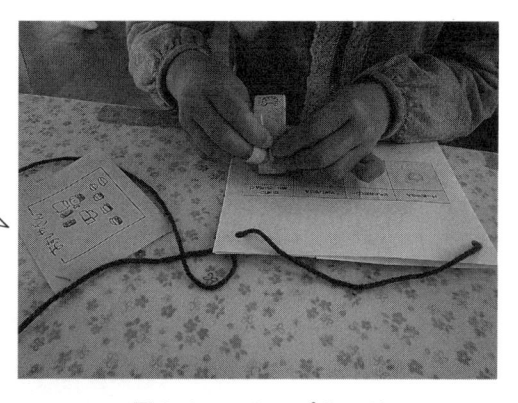

図2-4　スタンプカード

実践レシピ

❸ケーキ屋さんごっこ

　ケーキといっても、いろいろなケーキがあります。ケーキのフワフワした感じ、かわいらしい感じを子どもたちが自由に表現できる素材が大切ですね。

図2-5　ケーキ屋さん

　製作コーナーでつくったケーキをケーキ屋さんへ持って行き、売っています。ここでもお店のシンボルの華やかな囲いやお店屋さんのコック帽が、ケーキ屋さんの楽しげな雰囲気を高めています。

図2-6　ケーキをつくってケーキ屋さんへ

図2-7　ケーキいろいろ

❹初もうでごっこ

　筆者がこれまで見てきたごっこ遊びの中で、斬新だったのが、初もうでごっこです。お正月明けに、初もうでを経験した5歳児が展開していったごっこです。図2-8はクラスだよりを抜粋したものです。

図2-8　初もうでごっこを紹介したクラスだより

実践レシピ

(2) オノマトペあらかると！（本書p.64）

　本書でも触れたように、保育の中でオノマトペを活用していくことで、子どもたちの「楽しいな」が増していきます。4月より保育者がオノマトペを片付けでも使っている2歳児クラスが、11月頃には、保育者がいなくても「よいしょ、よいしょ」と楽しげに片付けをする姿がありますよ。

❶ままごと
≪まぜまぜまぜ・ぐるぐるぐる・シャカシャカシャカ≫

≪トントントン≫

≪こねこねこね≫

❷絵本

≪うんとこしょ　どっこいしょ≫

≪がたんごとん≫

実践レシピ

❸製作

≪ぎゅっぎゅっぎゅ！≫

≪くるくるくる≫

≪びりびりびり≫

❹積み木
≪よいしょ　よいしょ≫

よいしょ
よいしょ

❺片付け
≪よいしょ　よいしょ≫

よいしょ　よいしょ

よいしょ　よいしょ

実践レシピ

Recipe ❸ 行事

(1) 誕生会

　どの幼稚園・保育所でも必ずといってよいほど行われている誕生会。園の規模や施設によってさまざまな方法で行われていると思います。ここでは、その中からいくつかの実践例をご紹介します。

　図3-1の事例1は前の方に小さな子どもたちが座り、後ろに年齢の大きな子どもが座る形です。このような形にする効果は3つあります。

　1つ目はステージの上の子ども・保育者と観客側の子どもたちとの**見る⇄見られる関係が保障される**ことです。ステージに向かって真っすぐ座ると、どうしても後ろの子どもたちにとっては、ステージからの距離が離れてしまいます。そうすると、ステージの上にいる誕生児には友だちみんながお祝いしてくれているようすが見えにくく、楽しい出し物をする先生の目線や姿も後ろの子どもには届きにくくなります。

図3-1　事例1（ステージに対して小さな子どもが前に座る）

　2つ目は**ノリの同調・応答が高まりやすくなる**ことです。歌を歌ったり手遊びをしたりする時、あるいは前にいる先生とのやり取りがある時、同じクラスの子どもが隣にいるので、前後にいる時よりも、隣にいる子どもの動きや反応を強く感じることができるのです。そのことが、ノリの同調や応答を促します。つまり、いつもの仲間が横にいる方がノリやすいのです。また、この隊形の場合、ステージに立たない先生は列の左右どちらかにいることになります。すると、子どもたちの仲間として一緒に動いたり反応したりすることで、子どもたちの同調・応答を促す援助ができます。

　3つ目は年齢の高い子どもを後ろにすることで、年齢の小さな子どもたちが、ステージの先生とお兄さん・お姉さんに囲まれる形になります。年長や年中の子どもたちがこれまで誕生会の手遊びや歌を経験していて、小さな子どもよりもよくノッてくれるとすれば、小さな子どもたちは**ノリの輪**の中に入ることになります。その

結果、まわりの先生やお兄さん・お姉さんのノリに誘われて、小さな子どもたちも同調・応答を楽しみやすくなると考えられます。

図3-2の事例2はもう少し規模の大きな園や部屋が小さい場合です。0～2歳児の小さな子どもたちが前に座ると先生の近くにいられない場合、少し弧の端にその子どもたちの場をつくってあげることも一つの工夫として考えられます。

> 人数が多いため、後ろに4～5歳児が横に並び、中央に3歳児が並ぶ。
> 3歳未満児の人数も多いため、中央に保育者と一緒に座ると後ろの子どもとステージの保育者の見る⇄見られる関係が阻害される。そのため、左右に分かれて3歳未満児が座り、その外側に保育者が座ることで、全体で、ステージと周囲のノリの同調・応答が行われ、ノリがすべての子どもたちに伝わり、響きあうように配慮している。

図3-2　事例2

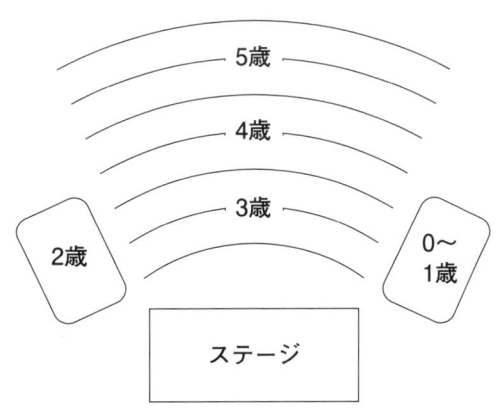

さらに規模が大きな園の場合、事例1・2のような形でできない場合もあるでしょう。こうした場合の一つの例として、遊戯室の後ろの方を雛壇にして高さを変えて座れるように工夫されている例や、図3-3の事例3のように、縦に座らざるを得ないけれども、まわりを大きな子どもが座っていて、中央に小さな子どもが座れるように工夫している事例もあります。

いずれにしても、ポイントは子どもと目線を交わすことができる、すなわち、見る⇄見られる関係をつくることと、子どものノリの同調・応答が促されるような状況がつくられることです。

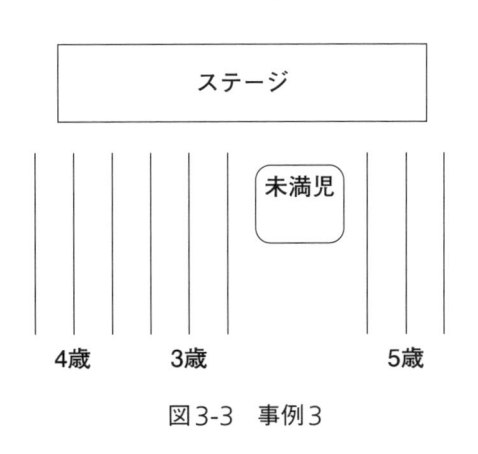

図3-3　事例3

実践レシピ

(2) 餅つき

　本書p.86に鏡開きの事例がありましたが、餅つきでも子どもたちがノリにのっている場面をよく見ます。ここでは、その時の事例をご紹介します。

　かえで幼稚園では毎年12月の終わりに餅つきをします。一クラスに一臼、合計8回餅をつきます。はじめ、お米が入ると、子どもたちからは「お米からできるんだ」「早く食べたい」という声が上がってきます。続いて、小突きをします。これがとっても大変。同じ年齢の先生で一生懸命やっています。すると、誰かが「先生がんばれ、先生がんばれ」と声を出しました。その声に合わせて、次第に座って見ていた子どもたち全員が「がんばれ」の大合唱です。

　小突きあがると、続いて大きく杵でつきはじめます。担任の先生や園長先生が大きく杵を振り上げて「よいしょ」とつくたびに子どもたちが「よいしょ！よいしょ！」と掛け声。重い杵を振り上げる先生も次第に手が痛くなる

図3-4　餅つき

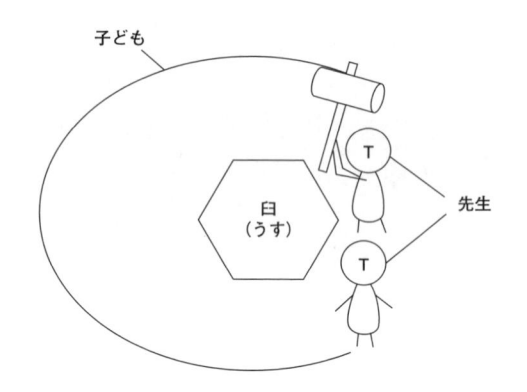

図3-5　餅つきの環境図

のですが、子どもの掛け声のノリに押されて力が出てきます。先生が「あと10回でできあがり！」というと、みんなで数えることとなり、一斉にカウントダウンがはじまります。最後できあがった時、「やったー」と拍手が出てきました。

　図3-5の環境図を見ると、臼を取り囲んで子どもたちが丸く座っていることがわかります。小突きの時には、先生が一生懸命やっている姿を見ていて、ひとりの子どもから出た言葉のノリが他の子どもたちにも伝わっています。この時、近くにいた先生も子どもと一緒に掛け声を一緒にしたこともありますが、丸く座っている中で、横にいる子や正面にいる子から次第に声が大きく出されるようになっていきました。こういう姿が、遊びと同じように子ども同士が響きあっている姿であると思

います。

　また、ちょうど杵をつくところが子どもたちの輪とつながる位置であったことも、その後の子どもとつき手の先生とのノリの同調につながる一つの要素であると思います。

　このように行事においても、子どもたちの楽しさの充実には、子どもの中にノリの同調や応答が大切なのです。そのために、活動の場の設定、保育者の身体の動きやそのリズムが大事であることは、遊びとまったく一緒です。

(3) 発表会

　発表会も園によってさまざまな活動をされていると思いますが、ここでは合奏、合唱、劇活動の事例を紹介します。

❶ 合奏

　合奏の練習の時、どのような環境でされているでしょうか。図3-6と図3-7の環境図はある保育園での練習のようすです。図3-7はリズム室でのようすです。もっとも、リズム室のようすは本番同様に並んで練習するのですが、他のクラスも使うのでいつでもそこで練習ができるわけではありません。そこで、保育室で練習となるのですが、図3-6はその時のようすです。

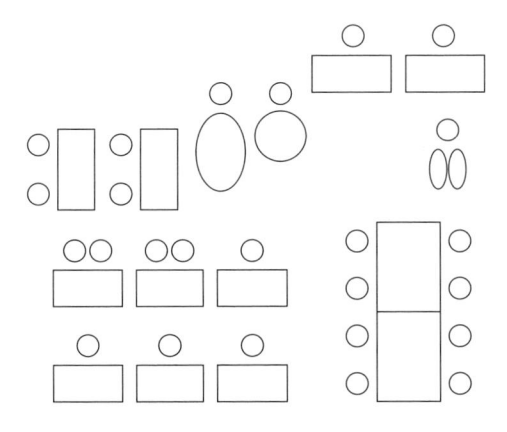

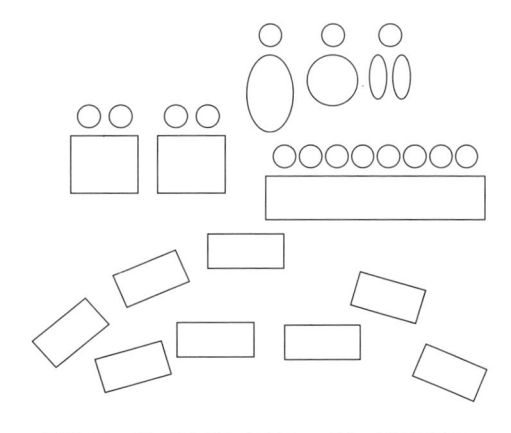

図3-6　練習の環境図　　　図3-7　リズム室（ステージ）の環境図

実践レシピ

　最初は少しずつ個別で練習する機会を設けるのですが、だんだんそろってきたらクラス全体で練習します。図3-6と図3-7を比べてみると、ほぼ同じような並びで、保育室は横を縮めて、楽器が多く重なって、同じ方向を見て練習する形です。これは、本番の並びを意識して保育室でも同じようになるべく並べている、並べられない場所は空いているところに置いたものです。しかし、この形では、子ども同士の見る⇄見られる関係が成立しにくく、曲のリズム（あるいは演奏者としてのノリ）も共有されにくくなっていました。
　そこで、部屋での練習の隊形を図3-8のように変えてみました。前後左右で子どもたちがお互いに向かい合って演奏するようにしてみました。すると、隊形を変える前よりも、子どもたちのリズムが合ってくるのです。合ってくると子どもたちも楽しそうな顔をします。こうした練習を重ねて、本番では子どもたちはリズムにのって演奏することができ、見に来た方から大きな拍手をもらいました。
　考えてみれば、オーケストラでは舞台の上で半円を描いて演奏者が座っています。なるべく子どもたちが互いにリズムを感じられるような位置関係を考えてみると、よいのではないでしょうか。

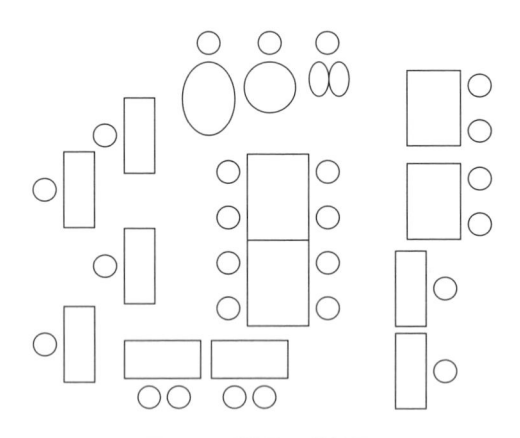

図3-8　練習の環境図

❷合唱

　合唱は多くの園で2〜3列に並んでまっすぐ立って歌っているのではないでしょうか。ここでは、子ども同士の気持ちが一緒になって歌っている感じをつくりたいと考えたある園での取り組みをご紹介します。
　その園では、これまで合唱というと、先に書いたように、2〜3列に並んで歌っていました（図3-9上図参照）。立つ時は肩幅に足を開いて歌っていました。
　それを、まず子どもたちが一緒に歌っているという形にしようと考えました。その時、いつも部屋で歌っているように集まって歌うと、見に来た保護者から子どもの顔が見えず歌っている子どもも保護者から見てもらえないと感じるであろうという意見になりました。

そこで、横一列に並んで、少し弧を描き、なるべく保護者の近くまで進んで歌うようにしました。こうすることで、歌い手である子どもと聞き手である保護者が向かい合うという雰囲気が前よりも強くなり、子どもたちも横で友だちと一緒に歌うということが感じられるようになりました。

さらに、こうした隊形で歌う時、歌詞に合わせて、歌の一場面で手をつないで前後に揺らしたり、肩を組んで左右に揺れたり、手話のように手を動かしたりと、体の動きを入れました。隣同士の身体的な動きの同調や触れ合いにより、子どもたちが一緒に歌っているという気持ちがつくられました。その結果、一人だけ大きな声を出したり、がなって歌ったり、あるいは歌わなかったりする子どもが次第に少なくなっていきました。

ステージ中央から左右対称に
弧を描くように広がって歌っている
図3-9　合唱の隊形

手を結んで前後に揺らす

肩を組んで左右に揺れる

手話をしながら歌う

実践レシピ

❸劇

　劇活動は、よくごっこ遊びの延長線上にあるといわれています。子どもが何かの役になりきって遊ぶという点では共通性がありますが、ストーリーのつくられ方が違います。ごっこ遊びは子ども同士の中でつくられていくもので、そのストーリーは遊びの中のモノ・人・場の状況によって常に変化します。同じようなごっこをしていても、メンバーによって、出ているモノの種類や置き方によって、空間の位置取りによって、遊びのイメージが変わってきます。それに対して、劇活動では、活動を進める中で子どもたちと保育者によって変更は可能であるとしても、基本的な物語の展開はすでに定まっています。

　ここでは、大変盛り上がった劇活動のクラスの取り組みを紹介しながら、そこでのポイントをまとめてみます。

図3-10　給食時に録音されたお話を聞く

「むかしむかしあるところに…」

　もともとある程度決まっているお話の流れが、子どもたちの内面にイメージされるように、題材が決まった時から、絵本や紙芝居の読み聞かせをしました。特に、このクラスでは、仮台本（子どもと進める中で変わるため）を実際に演じているのと同じように先生たちが読んで、給食の場面などに子どもたちに聞いてもらいました。

　次に、実際に動きながら劇活動をするようになると、まず保育者が楽しそうに子どもたちの前で演技したり、子どもの横で一緒に演技したりしました。保育者の演技する姿は子どもたちのモデルとなり、また一緒にやるということで緊張していた子どもたちも次第にセリフや動きをするようになり、劇活動にのってきました。

図3-11　保育者が子どもたちの前で演技しているようす

このように、子どもたちが活動に取り組みはじめる時には、保育者自身が楽しそうに劇の活動に取り組んでいる姿や、子どもと一緒に演技する姿が、劇活動に対する子どもたちの興味の高まり、活動に参加したいという意欲につながっています。保育者の身体的な援助が大切な点では遊びと共通しています。

かっこいい！
本当にトラが出てきそう

図3-12　保育者が子どもたちの演技を
　　　　ほめるようす

また、保育者は劇活動の中や終わってから、子どもたちの演技のよかったところを具体的な子どもの名前と姿に「すごい！」「さすが！」「すてき！」という言葉を加えながら話をしていきました。こうしたほめ言葉は、もちろん子どもの意欲やまわりの子どもの頑張りを促すことになるのですが、もう一つの効果もありました。劇活動では出番を待っている子どもがどうしても退屈になって、ざわざわしがちです。しかし、先生が子どもたちをほめながら見ていると、子どもたちも観客としてお互いの演技を見るようになりました。

こうした取り組みを続ける中で、子どもたちが遊びの中や活動の合間に、自発的に劇の練習をする姿が見られるようになりました。他のクラスの子どもたちが観客として見るようになったことも、こうした姿を促す一因となりました。「見られている」と思うと、子どもたちの「頑張ろう」とする気持ちが高まってくることを感じる一例でした。

図3-13　劇をしている子どもたちを見ている
　　　　観客の子どもたち

実践レシピ

　練習から簡単な衣装や小物を使用したことも子どもたちが自分たちから楽しんで役になりきって活動するようになった理由の一つです。これはごっこ遊びと同じです。役になりきるためには、何らかのシンボルが必要です。また、役を演じるイメージが整った舞台が必要です。そういう点から、衣装、背景、小物など、舞台の上に出てくるモノが豊かにあることで、子どもたちの演技（ごっこ遊びでのフリ見立て）のイメージが強くなるのです。またごっこ遊びで遊びに必要なものを子どもがつくるとごっこのイメージが強くなることと同様に、こうした衣装や背景、小物づくりを可能な限り子どもと一緒につくることで、つくったモノに対する子どもたちの思い入れが強くなり、上述した舞台の設定や自分たちの演技のイメージをより強くすることができます。

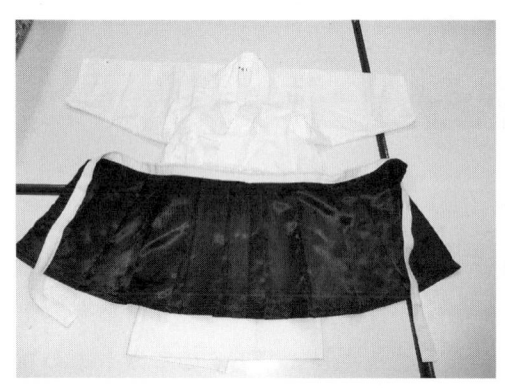

一休さんの衣装 　　　　　　　　　トラの屏風

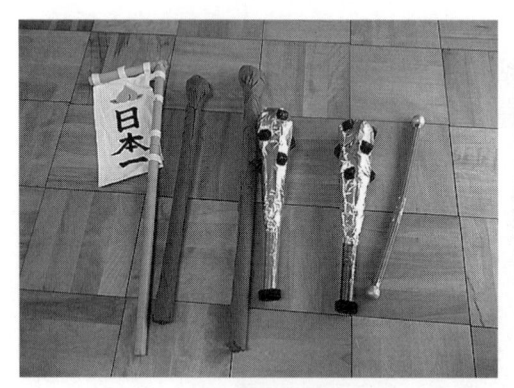

桃太郎の小物 　　　　　　　　　劇（一休さん）の背景

図3-14　劇の衣装、小物、背景の例

Recipe ④ クラス活動 (本文p.34〜44参照)

(1) 製作活動

　クラス活動でも、遊び場面と同じように「見る⇄見られる」関係や子どもがモノ・人・場にかかわっていくことができるように配慮することが、子ども自身の主体性を発揮するうえで大切です。製作活動の場面の例を次にご紹介します。

❶環境

図4-1　配置の例

> できるだけ、子どもと子ども・保育者が見あうことができる配置にします。子ども同士が互いにつくったものを見られると、お互いが活動のモデルになるのは、製作コーナーと同じです。

> このクラスでは、クラスの人数が少ない時には、机をつなげて、製作コーナーの拡大版のような形で活動しました。

図4-2　クラスの人数が少ない場合の例

> 材料も子どもたちがいろいろと選べるように用意しておくと活動が発展します。製作コーナーと同様に、種類・大きさなどごとに、どこに何があるかわかりやすく配置しましょう。用意の仕方は製作コーナーの用意の仕方を参考に！

図4-3　材料の用意

実践レシピ

❷援助

　製作活動など、クラス活動では保育者が前に立って言葉でやり方を説明しているようすを見かける時があります。しかし、言葉での説明は具体的な活動イメージが伝わりにくく、子どもたちには、先生の話していることがどのような活動なのか、それはおもしろそうなのかということは言葉ではなかなか伝わりません。

　以前NHK教育放送の番組で「できるかな」という番組がありました。そこに登場するノッポさんとゴン太くんは最終回のあいさつ以外はしゃべらず、実際につくる姿だけで、子どもたちの興味をひき、どのようにつくっていくのかを伝えていました。まったく無言にする必要はありませんが、言葉ではなく、先生の活動のモデルが、子どもたちの興味や活動のイメージを生み出すということを大事にしたいものです。

> 保育者の楽しそうにつくっている姿が、子どもたちにとって大事なモデルです。
> 　楽しそうに、どんなものができるのかを、動きや表情の変化をつけながら示して子どもの気をひきます。

図4-4　保育者がモデルとなって示す

> 遊び場面と同じように、子どもたちのつくったものをほめたり興味を示したりする場合には、子どものつくったものを見て話します。そのことで、他の子どもたちの視線も、先生の取り上げた作品の方に向き、興味をひくことにつながるからです。

図4-5　子どものつくったものを見てほめる

(2) お集まりの場面

> お集まりの場面では、保育者と子どもとの「見る⇄見られる」関係、さらに手遊びなどを通して保育者とクラスの子ども全体の同調や応答の関係がつくられていくことを考えると、子どもが密集して座っていた方が、保育者の見える範囲を考えても、子どもたちが仲間の存在や動きを感じるうえでも適していると思います。その際、保育者の座る位置は子どもたちと一定の距離をとり、子どもたち全体と「見る⇄見られる」関係がつくられるようにします。

図4-6　密集して座る例

> 保育者やクラスの仲間関係がある程度存在する場合などは、お話をしたり、当番の発表をしたりする場面では、円になってみんなの顔が見えるということも、人間関係を発展させていくうえで効果的です。

図4-7　円になって座る例

実践レシピ

> アップライトのピアノは背が高いので、弾く時に保育者が子どもに背を向けざるを得ない場合があります。こうして少し斜めにおいて、横に子どもが集まるようにすると子どもから先生の顔が見えます。

図4-8　アップライトのピアノ

> 1歳児になり歩き始めますが、じっと座るのはまだ難しい時期です。この頃手遊びの歌声と歌う保育者の姿（動き）が次第に一致していきます。そこで、保育者の姿が見やすいよう椅子を弓形に並べる工夫をしています。

図4-9　1歳児のお集まり

> 1歳児の終わりから2歳児にかけマットに座れるようになり、歌や手遊びで保育者や友達と「ノリ」を共有しています。先生方が子どもたちを囲むように座るのもポイントです。

図4-10　2歳児のお集まり

> 当番活動で当番と子どもの「ノリ」の共有が高まると、次第に保育者の役割を当番が演ずるようになります。子どもの密集度は「ノリ」の高まりを示しています。「ノリ」が高まり声にメロディーが出てきてからピアノの伴奏をつけると、「ノリ」が一層高まります。

図4-11　5歳児の朝の会

Recipe 5 外遊び

　外遊びの環境や援助は基本的に室内遊びと同じです。「見る⇄見られる」関係や保育者のモデル性、「ノリ」をつくり出す同調・応答の関係は室内遊びと変わりません。しかし、室内のように天井や壁はないので広く開放された空間です。そのため、それぞれの遊びの「ノリ」、あるいは賑わい感が遊び相互に響き合う、つながっていくということが見られにくい状況があります。そのため、室内では中央を空けて遊びの拠点をつくることを考えましたが、外遊びでは中央のオープンスペースにボール遊びや鬼遊びなどの集団遊びの拠点が出てくるように配慮し、もう一つの拠点となる周辺の固定遊具との「見る⇄見られる」関係がつくられるようにします。

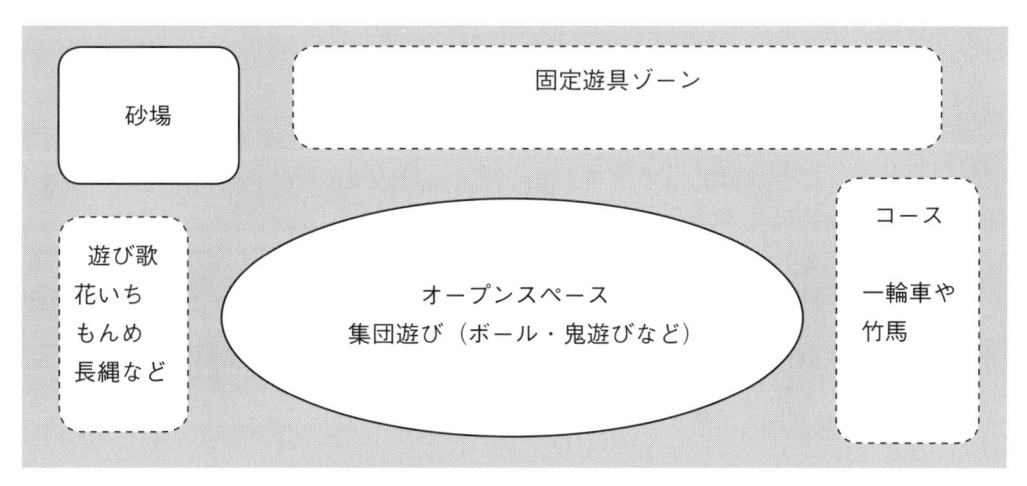

```
┌─────────────────────────────────────────────┐
│  ┌──────┐   ┌─────────────────────────┐    │
│  │ 砂場 │   │     固定遊具ゾーン       │    │
│  └──────┘   └─────────────────────────┘    │
│                                    ┌──────┐ │
│  ┌──────┐                          │コース│ │
│  │遊び歌│      ┌───────────────┐    │      │ │
│  │花いち│      │  オープンスペース │   │一輪車│ │
│  │もんめ│      │集団遊び(ボール・鬼遊びなど)│ │や竹馬│ │
│  │長縄など│    └───────────────┘    │      │ │
│  └──────┘                          └──────┘ │
└─────────────────────────────────────────────┘
```

図5-1　外遊びの環境

　図5-1のように、中央に集団遊びが出てくると周辺の遊びとの間に「見る⇄見られる」関係が出てきて、園庭全体の賑わい感が持続します。その結果、それぞれの遊びが続くのです。

　また、外遊びは遊び方（身体の動かし方やイメージ）により3つの種類に分けられます。

循環の遊び	応答の遊び	見立て遊び
リレー、長縄跳び、すべり台、うんてい、鉄棒、ケンケンパ、登り棒、竹馬、一輪車　など	花いちもんめ、鬼遊び、ドッチボール、サッカー、ドンじゃんけん　など	砂遊び、固定遊具を使ったごっこ遊び　など

図5-2　外遊びの種類

実践レシピ

(1) 循環の遊び

　循環の遊びは同じ動きを繰り返し行って楽しむ遊びです。図5-3、図5-4は、エンドレスリレーとケンケンパの図です。スタートしてから1つのルートをまわって、戻ってきて、（並んで）またスタートすることを繰り返します。遊びが盛り上がっている時は、このルートが乱れず、テンポよくつながったり、続いていったりします。いいかえれば、こうしたルートの設定や繰り返しの動きのリズムをつくったり、整えたりすることが保育者の役割になってきます。

　図5-5は、ある園の園庭の一部分です。図の上の四角は指令台、左は鉄棒、下の四角は一輪車や竹馬のスタート台になっています。

　この園では、それまでスタート台から出発して指令台や鉄棒に向かって各自がさまざまな方向に進んで遊んでいました。そのため、ぶつかることもあり、目標がはっきりしないため達成感や競い合いが起こりませんでした。そこで、太線の三角のようにカラーコーンを置き、先生が矢印のルートでまわりはじめると、子どもたちも先生と同じようにまわりはじめました。途中でリタイヤした子は「次こそは」と頑張って遊ぶ姿が見られ、まわりきった子は「ゴール」「やった〜」という反応が出るようになりました。

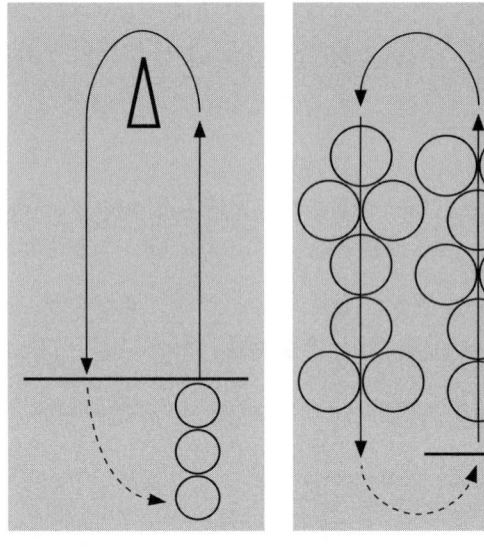

図5-3　エンドレスリレー　　図5-4　ケンケンパ

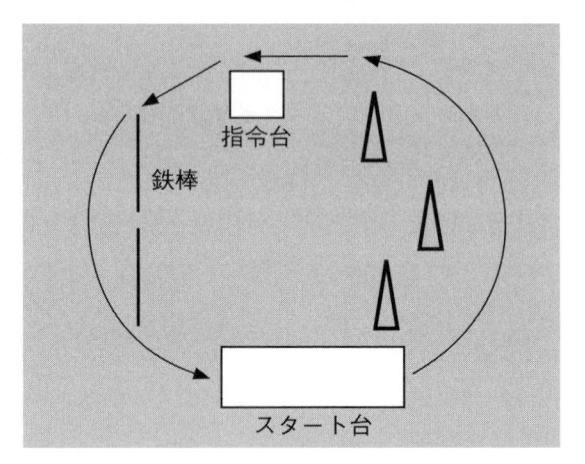

図5-5　一輪車のコース

(2) 応答の遊び

応答の遊びの代表例としては、花いちもんめ、ドッチボール、高鬼や氷鬼などのさまざまな鬼遊びがあります。これは「追う-逃げる」などの応答の動きが、遊び歌や遊びのルールの中にあり、この「追う-逃げる」ということが遊びの楽しさになっています。

花いちもんめでは、勝ち・負けの2つのグループに分かれ、歌の歌詞の中に2グループのやりとりがあります。それに合わせて横一列に並んだグループが前後に「追う-逃げる」の動きをする遊びです。

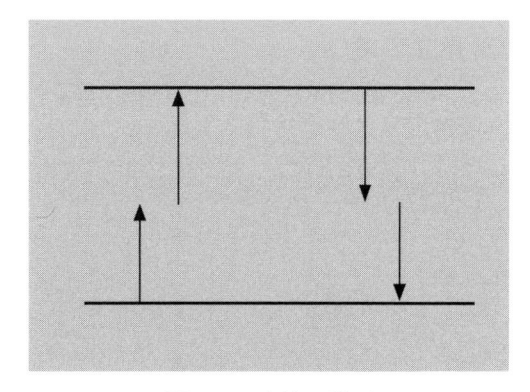

図5-6　応答の遊び

この遊びでは、グループ内の子どもたちみんながその遊びを楽しんでいる時には、列がまっすぐになっており、歌も前後の動きも揃っています。しかし、メンバーの中で遊びの充実度にばらつきが出てくると、同調性が崩れてきます。具体的には列が前後する時に列が乱れたり、歌のテンポがずれたりする姿が出てきます。保育者はこうした同調性が持続するためには、列が並ぶところに線をひいたり、遊びのイメージが弱いところに入って動きのリズムを強くしたりする援助が考えられます。

また、鬼遊びでは逃げる方は「捕まりたくないけど、捕まりたい（追いかけてほしい）」、追いかける方（鬼）は「捕まえたいけど、捕まえたくない（逃げてほしい）」と思っています。こういうアンビバレンツな緊張感の中で「追う-逃げる」という動きを楽しむのが鬼遊びです。したがって、逃げる方は鬼が来てくれないとだんだん鬼を誘うように近づいたりします。鬼は誘われると追いかけていきます。こうした状態が続いている間は鬼遊びの楽しさは続きます。

しかし、場所の広さや鬼の数によって追いかけてもらえない子どもが出てきたり、いつまでも鬼が捕まえられず追うことに飽きてきたりすると、遊びの楽しさが失われます。保育者は遊びの状況を見ながら、メンバーが「追う-逃げる」の動きの中でアンビバレンツの楽しさを感じているかどうかを確認し、動きがなくなってきている子どもに自ら追いかけたり逃げたりすることで「追う-逃げる」という動きのリズムが続いていくように援助していくとよいでしょう。また、4～5歳児であれば、子どもたちとルールや場の設定を相談していくこともよいと思います。ただし、

実践レシピ

その場合はあまり長い時間遊びが中断すると、遊びのリズムが失われてしまいますので、子どもの状況を見ながら話し合い方を工夫するとよいと思います。

(3) 見立て遊び

園庭でも、砂遊びや色水遊び、自然物を使ったごっこ遊びなど、室内と同じようにつくり見立て、フリ見立てで遊ぶ姿が見られます。ここでは、保育室同様に、モノ・人・場のつながりが拠点の中にしっかりとつくられると、遊びが楽しく盛り上がります。

たとえば、砂遊びの道具の置き方は、室内のコーナーと同じように種類別に置いておくとよいでしょう。砂遊びでよく見られるのは、お皿も小さなスコップも、ジョウロもみんな同じケースに入っているケースです。こうした場合、子どもがその中から自分の欲しいものをすぐに探し出せないと、かごの中をすべて出して必要な道具を持っていきます。すると、砂場周辺におもちゃが散乱していることが多くあります。したがって、図5-7のように、道具や材料は、種類別に置いておくと、子どもたちが自分で探しやすく、またいろいろな道具や材料を組み合わせて使うことにもつながります。

また、砂場のまわりに棚やテーブルを置く場合は、保育室の場合と同様に、園庭の中心の集団遊びやほかの遊びの拠点と「見る⇄見られる」関係がつくられるように、位置や高さに留意して環境を構成しましょう。

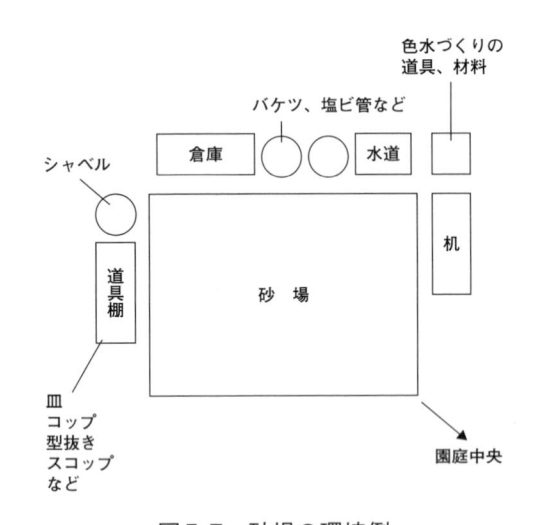

図5-7　砂場の環境例

参考
→小川博久編　「「遊び」の探求」　生活ジャーナル　2001
→小川博久編　「年齢別保育実践4　4・5歳児の遊びが育つ＝遊びの魅力―」　フレーベル館　1990
→小川博久編　「年齢別保育実践5　4・5歳児の遊びが育つ＝遊びと保育者―」　フレーベル館　1990

図5-8　園庭の中央方向は空ける

園庭の中央方向は「見る⇄見られる」関係ができるように棚を置かないようにしている。

道具や自然物を種類別に置いておくと、子どもが自分で手に取って活動を進められます。異年齢で遊ぶこともあるので、数や種類は園全体で検討し、環境構成の仕方を共有しましょう。

図5-9　道具や材料は種類別に置く

砂場の近くに水があると、活動の幅が広がります。水道が近くにない場合は、タライに用意したり水を運ぶ姿を保育者がモデルで示したりします。

図5-10　砂場の近くに水を用意

実践レシピ

Recipe ⑥ 園内研修会の参考例

(1)タイムスケジュール

　園内研修を午前中から行う場合と半日で行う場合があります。ここでは、研修会の流れについて、参考例をご紹介します。

❶午前中から1日行う場合の例

時間	保育の流れ	研修の流れ	ポイント
08:00 09:00	登園 遊び	保育観察 ビデオ撮影	(※講師がいる場合) ※簡単な打ち合わせ ※園長・主任は一緒に保育のようすを観る・撮影する
10:50	片づけ クラス活動 給食準備		片づけやクラス活動・給食準備の場面も、子どもや保育者の関係やノリを観る貴重な場面です
11:30	給食	打ち合わせ	午前中の保育のようすを確認する
12:30	遊び	保育観察 ビデオ撮影	※園長・主任は一緒に保育のようすを観る・撮影する
14:00	片づけ 降園準備 帰りの会		降園準備・帰りの会の場面も、子どもや保育者の関係やノリを観る貴重な場面です
15:00	降園 (長時間保育)	打ち合わせ	ビデオ視聴や話し合いの進め方を打ち合わせする
15:15 17:00		研修会 ・ビデオ視聴 ・よいところ探し ・担任の悩みについてのディスカッション ・ロールプレイ 　(保育室にて) まとめ 終了	ビデオを観ながらみんなでよいところを話す 保育者の状況に応じて、積極的に話したり、考えていることを語ったりするようにリーダーや主任が促していく←打ち合わせ 環境の再構成 子どもになって遊んでみる 保育者の動きを確認してみる 保育者の感想を聞き、明日の保育にいかせるよう促す

❷半日で実施の場合の例

午後から講師を呼ぶ場合などの参考にしてください。

時間	保育の流れ	研修の流れ	ポイント
12：30	遊び		※打ち合わせ
13：00		保育観察 ビデオ撮影	※園長・主任は一緒に保育のようすを観る・撮影する
14：00	片づけ 降園準備 帰りの会		降園準備・帰りの会の場面も、子どもや保育者の関係やノリを観る貴重な場面です
15：00	降園 （長時間保育）	打ち合わせ	ビデオ視聴や話し合いの進め方を打ち合わせする
15：15		研修会 ・ビデオ視聴 ・よいところ探し ・担任の悩みについてのディスカッション ・ロールプレイ 　（保育室にて） まとめ	ビデオを観ながらみんなでよいところを話す 保育者の状況に応じて、積極的に話したり、考えていることを語ったりするようにリーダーや主任が促していく←打ち合わせ 環境の再構成 子どもになって遊んでみる 保育者の動きを確認してみる 保育者の感想を聞き、明日の保育にいかせるよう促す
17：00		終了	

午後から低年齢児は昼寝をすることが多いと思います。その場合、午前中に昼寝をする年齢の子どもたちのようすを撮っておくとよいでしょう。

外部講師を午後から呼ぶ場合でも、あらかじめ午前中に昼寝をするクラスのようすを撮っておき、打ち合わせなどで見てもらうなどの工夫をすることで、昼寝をしたクラスについても、実践をもとに具体的に保育を検討することができるようにしましょう。

実践レシピ

(2) 非常勤・臨時職員などの研修参加

　非常勤や臨時職員の保育者も遊び保育を支える大事な実践者です。非常勤や臨時職員は保育の補助、障害児などのための加配、長時間保育対応などさまざまな理由で配置されていますが、保育の中では子どもの遊びにかかわる実践者であることは担任保育者と変わりありません。

　担任保育者が「遊び保育論」にもとづいてよい保育実践をしようとする時、一緒に保育をする非常勤や臨時の職員の方が同じ考え方に立って保育をすると、その効果はより大きなものとなり、子どもたちの遊びの充実、クラスの中のノリの共有は高まるでしょう。このことは、本書p.81～83でも紹介しました。

　しかし、非常勤や臨時職員は勤務時間などの制約があって、なかなか園内研修に参加できていないことも実情です。もちろん、その意義を伝えて研修会に参加してもらえるようになることは望ましいのですが、そうはできない時の工夫をいくつか紹介します。

❶日中に交替できる時間を活用して

　当該職員の方の理解が得られれば、昼に交代する時間や帰る時間の前後など交替できる先生を確保できる時に、クラスのようすを撮影したビデオを使って園内研修と同じようによいところ探しをしたり、これからやっていこうと話したことを園長・主任から伝えたりするのもよいでしょう。こうすることで、非常勤や臨時の保育者も自分の動きを子どもや担任保育者との関係でより客観的に捉えることができたり、自分の動きや声の大きさなどを気づいたりするきっかけとなることもあります。

❷保育中に声をかけて伝える

　保育中に子どもの遊びや担任保育者の動きから、ある程度保育が安定してきている時ならば（つまり保育者に声がかけられそうな状況にあれば）、加配や補助として入っている先生に声をかけ、クラス全体のようすやそれぞれの遊びの状況の見方を確認したり共有したりしてみるのもよいでしょう。そして、声をかけた保育者の状況を考慮しながら、加配や補助の保育者が次にどのように動いていったらよいかを聞いたり示唆したりしてみるのもよいでしょう。その場合は、保育者と横並びに座って話すようにし、まわりの子どもたちの遊びを阻害しないように配慮しましょう。

(3)公開保育研究会

公開保育を昼から行う場合の流れをご紹介します。

時間	保育の流れ	研修の流れ	ポイント
08:00 09:00 10:50	登園 遊び 片づけ クラス活動 給食準備	 講師来園 保育観察 ビデオ撮影	 簡単な打ち合わせ 園長・主任は一緒に保育のようすを観る・撮影する 午後から午睡などで参加者が見ることができないクラスを中心にビデオ撮影をする
11:30	給食	打ち合わせ	午前中の保育のようすを確認
12:15 12:30 13:00	遊び	公開保育受付 保育を観る視点の説明 保育観察 ビデオ撮影	 参加者に今日の研修会の趣旨・流れと保育を見る視点を講師から説明する 園長・主任は講師・参加者と一緒に保育を観る・撮影する
14:00 15:00 15:15	片づけ 降園準備 帰りの会 降園 (長時間保育)	ビデオ視聴 ディスカッション 例）よいところ探し 例）保育者の悩み	午前保育並びに公開実践を撮影したビデオを参加者で視聴する 可能であれば担任もビデオを観ながら保育の状況を説明する ビデオを踏まえて、グループなどでよいところを話す 保育者が課題としているところを、参加者がもし担任だったら…という視点で話し合う ※降園が終わり、担任保育者も会場で参加 →場合によってはもう一度担任と一緒にビデオを観る
16:00 17:00		ロールプレイ まとめ 終了	ロールプレイをする場合はこのあたりで取り入れる (例) 環境の再構成 子どもになって遊んでみる 保育者の動きを確認してみる 実践者の感想を聞き、明日の保育にいかせるよう促す

午前中から行う場合は、受付が早くなり、午前中の保育を講師と参加者で観察、ビデオ撮影します。午後の保育も表のように参観してもよいし、場合によっては、話し合いの時間を早めてもよいでしょう。

公開保育研修会では、次のような点を踏まえて、当日のプログラムを考えます。
①公開保育をする園の保育者の実践の状況・課題
②公開研修会に参加する人の遊び保育に対する理解の状況
③以上に関する、当該園や地域の積み重ねの状況

たとえば、その園、その地域ではじめて公開保育をするという場合、本書で考え

実践レシピ

てきた遊び保育についての考え方が、保育者にも参加者にも十分に理解されていないことも考えられます。このような場合には、ビデオ視聴を通してのよいところ探しもある程度モデルが必要となるでしょうし、ロールプレイをするとしたら環境の構成についての基本的な考え方から取り組むのも一つの方法です。

　反対に、これまで地域でこうした遊び保育の考え方にもとづく公開研修を積み重ねてきたところであるならば、ロールプレイをしなくても具体的な動きを参加者もイメージして、話し合いを深めていくことができるかもしれません。

　上記の①〜③に加えて、どのような立場、どのような経験年数の参加者が来るのかという把握も大事です。もちろん、経験年数が低いから保育ができない、わからないというわけではありません。ただし、こうした公開研修会などの参加の機会は少ない可能性があります。そういう方を主任先生ばっかりのグループに入れてしまうと発言しにくいことも考えられます。参加者が主体的に発言しやすい状況をつくることも大事なポイントです。

(4) 近くの園との連携

　研修にかかわる予算を確保することが難しい中、園内研修を実施したり、講師を招いて保育を検討したりする機会がなかなかつくれないという声をお聞きします。

　筆者らがお世話になった市では、一つの園で園内研修会を実施する時に近くの園の先生が保育終了後、あるいは保育を替わっていただいて、研修会に参加されています。また、園内研修を共同で計画し、お互いに学びあっている場合もあります。このように、近くの園で協力・共同して研修を行うことで、研修の機会や予算を確保することも考えてみてはどうでしょうか。公開保育もこうした学びの機会の拡大の一つであると思います。

あとがき

　私の父母は祖父が開園した幼稚園で働いていました。その教育方針が遊びを通しての保育であったことが私の出発点です。大学、そして実習園で、遊び保育の援助や環境を考えるようになり、その中で見つけたお名前が小川博久先生でした。
　私が小川先生から一番影響を受けた場は園内研究会でした。小川先生は保育を見るだけで先生方の悩みや課題をすぐに読み取り、環境や援助を自ら実際に実践されました。その結果、回を重ねるごとに保育も充実していきました。当時それは衝撃的で感動でした。この保育の考え方、保育者への援助の仕方を学びたいと思い、園内研究会に連れていっていただくようになりました。帰り道ではその日の園内研修会について、遊びの見方、保育者の状態の読み取り、園内研究会の進め方について議論しながら（時においしいお酒と食事と共に）先生から教えていただきました。
　そして、父が経営する自由ヶ丘学園で小川先生を招いて園内研究を始めることになり、私はコーディネーターを務めることになりました。これを機に、園内研究の講師の事例研究をすることになったのです。当時、私は葛飾区と世田谷区の2つの幼稚園の園内研究会に継続的に参加し、小川先生の保育実践や保育者集団の読み取りと援助の仕方の事例を集め、分析していました。その中で、保育の原則論（＝規範理論）と保育者の状況に応じた援助を直接保育現場で学びました。
　また、愛知県、岐阜県の私立幼稚園の先生方と研修会のお手伝いなどを通して、様々なお話を聞き、かかわらせていただいたことも私には貴重な経験でした。特に、ながもり幼稚園の足利先生にはその後も園内研修会にお声をかけていただきました。
　加えて、豊田市の機関紙編集委員の先生方から、保育環境について2年間寄稿する機会をいただき、それをきっかけに園内研究会にお声をかけていただきました。豊田市では、様々な環境や保育実践に触れる機会があり、先生方と保育についてお話しする中で、多くを考えるきっかけをいただき、育てていただきました。
　こうした貴重なご縁によって小川先生や保育現場の先生方から多くを教えられ、鍛えていただいたことに感謝の念がたえません。その恩に報いる仕事がしたいと思い、保育の研修会や大学の授業の中で思い至ったのがこの本です。
　本書を企画する上で幸運だったのは、渡辺桜氏の存在です。渡辺桜氏が研究の仲間として私の身近にいたことで、保育や園内研究会の理論的な整理に多くの機会とアドバイスが得られました。この本の企画を渡辺桜氏に話したところ「じゃあ、や

あとがき

ろう!」とすぐ決定しました。渡辺桜氏と互いの園内研究会での遊びや保育の読み取りや様々な試みを意見交換したことが、本書の内容の骨格です。

　本書の9章は、妻のアドバイスが大きく反映しています。園長として悩んでいる時、彼女は自らの経験をいろいろと話をしてくれました。そのことがいかに大事であったかと改めて思います。また、美和保育園の浜辺先生、古川先生、墨先生はじめ保育園を支えてくれる多くの職員の協力も本書の執筆を後押ししてくれました。

　この本は小川先生や保育現場の先生方、保育経営者の途を示してくれた父や妻、共著者の渡辺桜氏など私を導いてくださった方へのお礼の書でもあります。

　最後に、本書の執筆にあたり、ご協力いただいた、豊田市保育課、犬山市子ども未来課並びに資料提供いただいた豊田市のこども園、犬山市の保育園、美和保育園の皆様にお礼を申し上げます。そして、本書の企画から構成全般に至るまでご助言をいただき、タイトな日程で本書を仕上げてくださった萌文書林社長の服部直人氏、担当の梶陽子氏に深く感謝申し上げます。本書が多くの保育者やこれから保育者になる方の保育実践や園内研修を考える一助になれば幸いです。

　　　　　　　　　　　　　　　　　　　　　　　　　　　　　　（吉田龍宏）

　私は、保育者養成校を卒業してから、保育者として勤務していました。その毎日は、保育の楽しさと奥深さ、難しさと可能性を私に刻んでくれました。それは、新任で勤務した豊田市立越戸保育園（現在の越戸こども園）の園長・主任先生をはじめ同僚の先生方の影響が大きかったです。「園で起きることは、全て私たちの責任。子どもや保護者のせいにしてはいけない」という信念のもと、日々の保育について振り返り、園内研究等で熱く議論しました。保育と向き合い続けていきたい!という思いの原点は、ここにあります。

　その後、保育者としての仕事を退職し、母校の大学院に入学→修了直前に出産というハードかつ刺激的な2年間を過ごしました。それからは、子育てと研究との両立に、家族や友人をはじめ多くの方々に支えられながら、「保育現場にとって、本当の意味で役に立つかかわりをしていきたい!」という思いを抱き続けていました。漠然と抱いていたその思いを具体的に実現していけるかもしれない!!と思わせてくださったのが、私の師であり本書の規範理論を構築された小川博久先生です。保育雑誌に投稿した私の論文に対して、厳しくもあたたかいアドバイスを丁寧にしてくださったのが小川先生でした。それからは、小川先生より、遊び保育とは？人生とは？…等々、歩みがゆっくりな私を見離すことなく、現在もご指導いただいています。

そして、2011年に豊田市立平山こども園にて園内研究の講師をされていた吉田氏に同行させていただいたことをきっかけに、継続的・定期的に園内研究に参加させていただきました。平山こども園の先生方の熱く率直な保育に対する姿勢を目の当たりにし、パワーをいただきながら、保育現場にかかわる研究者としてどうかかわっていくことが、先生方の保育の悩みの質の変容に寄与できるのだろうと模索する日々が始まりました。園内研究での私の語りを録音し、全て文字に起こし、批判的に反省することを繰り返すことは、自分の無力さをその都度突きつけられるようで、つらかったです。吉田氏のあとがきにも記されていたように、研究者としての実践の振り返りをする上で、単につらい作業に留まらなかったのは、吉田氏との忌憚ない意見交換があったおかげです。

　このような様々な「縁」に支えられ、2013年より、豊田市、犬山市の研修や公開研究、園内研究を務めさせていただく機会に恵まれました。両市の共通点は、「一つの規範理論をしっかり市内の保育者が共有し、保育の質を向上させたい」という熱い思いでした。「保育の質を向上させたい」という思いは、どの自治体、園にも当然ありますが、一つの規範理論がしっかり定着することを目指すということには、大きな決断としかけの工夫が必要だったと推察します。そのような研修を重ねることで、先生方が、「遊び保育論」を規範理論に、そのキー概念（モデル性、見る⇄見られる、拠点性等）を用いながら、ディスカッションされることが増えました。そうすると、悩みが具体的になり、「次はこんな環境をしかけてみようと思うんです!」「こんなふうにモデル性を示したら、子どもたちがノッてきたんです!」といった前向きな言葉がたくさん聞かれるようになりました。

　このような決断としかけをされた豊田市保育課ならびに犬山市子ども未来課の皆様には、今後の現職教育のあり方を示していただいたということと、私自身に学びの機会を与えてくださったことへの感謝の気持ちでいっぱいです。まだまだ発展途上の私ですが、本書には、今の私の精一杯が詰まっています。本書を活用し、「具体的に、環境や援助をこうしてみようと思うけれど、どうだろう?」と各園内や各自治体でディスカッションをするきっかけにしていただけると幸いです。

　最後に、本書を出版するにあたり、保育現場にかかわる研究者としての姿勢を示してくださった小川博久先生、実践や資料提供等、ご協力くださった豊田市、犬山市の先生方、様々な研修会や講演会等で私に示唆を与えてくださった保育現場の先生方、そして私や吉田氏の理想を詰め込み、いろいろな無理を聞いてくださった萌文書林の服部直人氏、担当の梶陽子氏に心よりお礼申し上げます。　　（渡辺　桜）

■ 監修
小川　博久（おがわ　ひろひさ）
東京教育大学大学院博士課程修了、東京学芸大学名誉教授。
主著：『保育実践に学ぶ』（編著）建帛社、『遊び保育論』（単著）萌文書林、『遊び保育の実践』（共編著）ななみ書房、他多数。

■ 編集・執筆

吉田　龍宏（よしだ　たつひろ）
東京学芸大学大学院教育学研究科修了（教育学修士）。聖徳大学大学院児童学研究科博士後期課程単位取得満期退学。
岡崎女子短期大学、名古屋学芸大学、保育園・認定こども園の勤務を経て、現在、名古屋学院大学准教授、美和こども園理事長・園長。
愛知県豊田市の公開保育研修会をはじめ、愛知県・岐阜県内の公立・私立の幼稚園・保育所で園内研究会や保育研究会などの現職教育にかかわる。
他に、保育団体の特別研究員（研修の企画・補助）、福祉サービス第三者評価調査者を歴任。
主著：『保育者論』（共著　樹村房）『保育・教育実習を学ぶ』（共編　愛智出版）。
（執筆分担：第1章、第2章1・2、第4章1、第9章、実践レシピ3～6）

渡辺　桜（わたなべ　さくら）
愛知教育大学大学院教育学研究科修了（教育学修士）。聖徳大学大学院児童学研究科博士後期課程単位取得満期退学。博士（教育学）。
豊田市立保育園の勤務を経て、現在、名古屋学芸大学・大学院教授。
愛知県豊田市・名古屋市・半田市・東浦町等、神奈川県等の公立・私立の保育園・幼稚園で園内研究会や公開研究会などの保育現場の現職教育にかかわる。
主著：『子どもも保育者も楽しくなる保育－保育者の「葛藤」の主体的な変容を目指して－』（単著　萌文書林）『保育者論』（編著　みらい）ほか、保育実践、現職教育、子育て支援に関するもの多数。
（執筆分担：第2章3、第3章、p.52Hint、第4章2、第5章、第6章、第7章、第8章、実践レシピ1～2）

● 写真・資料提供協力
豊田市子ども部保育課　豊田市立足助もみじこども園　豊田市立挙母こども園　豊田市立高橋こども園
豊田市立堤ヶ丘こども園　豊田市立平山こども園　豊田市立広沢こども園　豊田市立松平こども園
豊田市立宮口こども園　犬山市健康福祉部子ども未来課　犬山市立羽黒南子ども未来園
岩田遵子（東京都市大学教授）　社会福祉法人　美和保育園
※本書は、名古屋学芸大学学長裁量経費（教育改革・改善推進）の補助を受けて執筆・編集いたしました。

● ブックデザイン　滝澤　博（四幻社）　● 本文イラスト　西田ヒロコ

子どもも保育者も笑顔になる！遊び保育のための実践ワーク
～保育の実践と園内研究の手がかり～

2014年10月26日　初版第1刷発行
2016年 5 月26日　初版第3刷
2019年 7 月26日　第2版第1刷

監　修　者　　小川博久
Ⓒ 編 著 者　　吉田龍宏、渡辺桜
発　行　者　　服部直人
発　行　所　　株式会社萌文書林
　　　　　　　〒113-0021　東京都文京区本駒込6-25-6
　　　　　　　Tel：03-3943-0576　Fax：03-3943-0567
　　　　　　　URL：http://www.houbun.com　E-mail:info@houbun.com
印刷・製本　　モリモト印刷株式会社

乱丁・落丁本はお取替えいたします。
定価はカバーに表示してあります。
本書の内容の一部または全部を無断で複写・複製・転記・転載することは、著作権法上での例外を除き、禁止されています。
ISBN　978-4-89347-208-3